미니멀 경제학

세계 경제와 이슈 편

경제적 미성년들을 위한 최소한의 경제 수업

미니멀 경제학

세계 경제와 이슈 편

한진수 지음

중앙books

CONTENTS

프롤로그 경제학이라는 렌즈로 복잡한 세상 들여다보기   007

1부 : 세상을 움직이는 숨은 경제 현상을 찾아라!

[소비 1] 비합리적 소비를 권하는 세상   015
[소비 2] 밴드왜건 효과에서 베블런 효과까지   024
[소비자 잉여] 뺏기지 말고 뺏자   030
[레버리지 효과] 지구도 들어 올릴 수 있다   037
[저축의 역설] 사람들이 저축을 많이 해도 문제   044
[현재 가치] 원숭이에게 배우는 경제   050
[동물 경제학] 신기한 동물 경제학 사전   057

2부 : 경제학자의 눈으로 세상을 보는 연습

[외부 효과] 경제가 꼬리에 꼬리를 물게 된 사연   073
[코스의 정리] 스스로 해결할 수 있단 말이야   081
[공공재] 얌체들의 경제학? 거부할 수 없는 무임승차 유혹!   087
[공유자원의 비극] 지리산 반달곰이 불행에 빠진 날   097
[버블] 경제학자들이 풍선껌을 싫어하는 이유   106
[소득 불평등] 허리가 날씬해서 문제야 문제!   113

3부 ⦂ 뉴스와 신문이 술술 읽히는 경제 이슈

[고용 없는 성장] 내 일이 없으면 내일이 없다   125
[공유경제] 누이 좋고 매부 좋고   135
[국가 채무] 정부도 돌려 막기를?   145
[고통지수] 경제 스트레스를 측정하다   154
[디플레이션] D의 공포와 R의 공포   163
[경제 정책] 바보야, 경제는 심리야   180
[정책 평가] 정책 배틀, 재정 정책과 통화 정책   193

4부 ⦂ 글로벌 시민이라면 꼭 알아야 할 금융의 세계

[리디노미네이션] 짜장면이 5원이라면? 스마트폰이 1000원이라면?   203
[통화량과 인플레이션] 경제가 고혈압에 걸렸을 때   214
[이자율] 함정에 빠진 돈   222
[한국은행] 균형과 견제가 필요해   232
[금융 산업] 지금은 금융 시대!   241
[글로벌 금융 위기] 신자유주의는 어디로 갈까?   246

5부 ⦂ 보이지 않지만 치열한 세계 경제 전쟁

[연방준비제도] 민간이 설립한 중앙은행   259
[유로] 세계는 하나, 돈도 하나   268
[기축통화와 시뇨리지] 세계는 지금 화폐 전쟁 중   275
[WTO와 GATT] 자유무역 서포터스   285
[FTA] 우선 우리끼리   298
[헤지펀드] 영국 중앙은행이 털리던 날   308

경제학이라는 렌즈로
복잡한 세상 들여다보기

어느 모임에서 만난 유명한 물리학 교수가 내게 말했다.

"경제학은 어렵고 골치 아파."

물리학은 수재 중의 수재가 공부하는 분야다. 그뿐이랴.
유명한 물리학 교수까지 된 분이니, 머리로는 우리나라에서
누구에게도 뒤지지 않을 사람이다. 그런 분이 경제학이 어렵
다고 하니 어쩐지 뿌듯해졌다. 내가 이 물리학 교수보다 머리
가 더 좋은 것인가!

"경제를 모르니까 세상이 어떻게 돌아가는지 잘 모르겠어요.
젊었을 때 딴거 공부하지 말고 경제 공부에 좀 더 신경 쓸걸 그

랬어요."

평소에 알고 지낸 후배가 한 말이다. 사회생활을 하다 보니 자연스럽게 경제에 관한 이야기를 많이 접하게 되고 경제 기사에 관심이 가기는 가는데, 절반도 이해하지 못하겠단다. 그러면서 그는 덧붙였다.

"경제를 좀 더 잘 알았으면 지금보다 나은 삶이 되었을 텐데요. 선배는 좋겠어요."

사실 '경제'처럼 사람들의 관심을 많이 받는 영역도 없을 것이다. 큰 사건 없이도 매일 끊이지 않고 뉴스를 장식한다. 신문에는 경제면이, 모바일 뉴스 페이지에는 경제 탭이 항상 자리 잡고 있다. 경제 뉴스만 집중해 다루는 신문도 여러 종 발행된다. 정치로 온 나라가 시끄러울 때에도 대통령이나 국회의 여당, 야당 모두 결국은 경제로 민심을 잡으려 한다.

이게 다 먹고사는 일보다 중요한 게 없기 때문이다. "다 먹고살기 위해서 하는 일이다"라는 농담을 자주 한다. 그러나 농담이 아니다. 더없이 솔직하고 정확한 말이다. 그 먹고살기 위해서 하는 일이 바로 경제다. 먹고사는 것을 가능하게 해주는 소득이나 일자리가 경제 문제의 중심에 있다.

유명한 경제학자 마셜Alfred Marshall이 말했듯이 '경제는 사람들의 평범한 일상생활과 관련된 활동'이다. 사람이 경제생활을 하지 않으면서 살 수는 없으므로, 우리의 삶에서 경제가 차지하는 비중은 막대하다.

그럼에도 불구하고 앞서 물리학 교수가 얘기했던 것처럼 어렵다는 선입관 때문에 사람들은 경제를 배우고 이해하려는 시도조차 하지 않는다. 그러고는 내 후배처럼 나중에 후회하는 사람이 한둘이 아니다. 중요한 건 알지만 이제 달려들어 배우려고 해도 도무지 이해할 수가 없을 것만 같다.

경제학이 어렵다는 말에 나는 절대 동의하지 않는다. 내가, 아니 경제학자들이 남들보다 머리가 좋아서 경제학을 더 많이 아는 것이 아니다. 또 경제학자들이라고 해서 이 세상에 벌어지고 있는 모든 경제 현상을 다 이해하는 것도 아니다.

경제학자들의 무능을 꼬집는 기사이지만 감히 여기에 인용하겠다. 창피함을 무릅쓰고.

세계적인 경제 주간지 〈이코노미스트〉의 기자가 경제학자들을 대상으로 실시한 설문조사들의 결과를 보도했다.

2000년 조사는 이러했다. 당시는 미국 주식 시장이 한창 뜨겁게 달아오르고 있을 때였다. "주식 시장이 거품인가?"라는 질문에 경제학자들은 대부분 "아니요"라고 대답했다. 이후 미국 주가는 폭락해서 3분의 1 수준으로 떨어졌다.

2001년 조사에서 "미국 경제가 침체에 빠질 것인가?"라고 물었을 때, 이에 대한 경제학자들의 중론은 "그럴 리 없다"였다. 그러나 조사 이후 미국 경제는 보기 좋게 침체에 빠졌다.

2002년에도 조사가 있었다. "앞으로 1년 이내에 미국 금리가 1퍼센트 또는 그 아래로 하락할까?"였다. 경제학자들은 아니라는 데 입을 모았다. 1년 후 미국 금리는 1퍼센트까지 떨어졌다. 이 기사의 제목은 재치를 한껏 뽐낸다. '미래를 예측하는 확실한 한 가지 방법'. 경제학자들의 예측과 반대로 예측하면 된다는 빈정거림이다.

경제학자라고 해서 미래를 완벽하게 예측할 수는 없다. 경제학자는 신이 아니다. 다만 경제에 좀 더 많은 관심을 갖고 좀 더 오랫동안 경제 문제에 대해서 진지하게 고민하고 생각해온 사람들이다. 그 결과 경제에 대해서 상대적으로 조금 더 알게 되었을 뿐이다. 나 역시 그 가운데 하나다.

내가 지금까지 체득한 경제 지식을 많은 사람과 공유하고 싶은 마음이 이 책을 쓰기 시작한 배경이다. 후배와 같은 사람들이 큰 용기를 내지 않더라도 경제 공부를 시작할 수 있도록 소박한 등대 같은 도움을 주고 싶었다.

《미니멀 경제학 : 세계 경제와 이슈 편》은 우리가 살아가는 현실 세계에서 경험하게 되는 생생한 경제 현상들에 초점을 맞추고 있다. 뉴스에 자주 등장하는 경제·사회적 이슈와 핵심 용어들을 누구나 쉽게 이해할 수 있도록 설명하는 데 주력했다. 더불어 세계 경제의 흐름과 여러 나라의 이해가 충돌하는 쟁점도 담았다. 한마디로 경제학이라는 렌즈로 오늘의 현실을 들여다보는 책이라 할 수 있다.

투표권을 행사할 수 있는 나이가 만 18세로 낮아졌다. 투표할 권리에는 경제 이슈를 올바르게 이해하고 각종 경제 정책의 영향을 제대로 평가해서 한 표를 행사해야 하는 엄중한 책임이 수반된다. 이 책임을 다해야 비로소 더 나은 삶에 대한 권리를 주장할 자격이 생긴다.

이 책이 우리가 살아가는 세상에 어떤 경제 문제가 발생하고 있는지, 왜 첨예한 경제 현안을 속 시원히 해결하지 못하는지, 정부가 채택하는 정책들이 우리의 삶에 어떤 영향을 미칠 수 있는지 등을 이해하는 계기가 되기를 희망한다.

2020년 봄
한진수

1부

세상을 움직이는
숨은 **경제 현상**을
찾아라!

비합리적 소비를
권하는 세상

소비 후 저축, 저축 후 소비

소득 가운데 소비하고 남은 부분이 저축이다. 따라서 소비를 늘리면 저축이 줄어들기 마련이며, 저축을 늘리려면 소비를 줄여야 한다. 물론 여기에서 말하는 소득은 총소득에서 세금, 건강보험료같이 국민으로서 의무적으로 내야 하는 각종 지출을 제외한 소득이다. 이를 처분 가능 소득(또는 가처분 소득)이라고 한다. 이 관계는 다음처럼 수식으로 나타낼 수 있다.

소득 − 소비 = 저축

전문가들이나 생활의 지혜를 오랫동안 쌓아온 어른들은 이와 관련해서 약간 미묘한 차이를 드러낸다. 소득이 생기면 먼저 저축을 하고, 남은 돈을 소비하라는 것이다. 이를 식으로 나타내면 다음과 같다.

소득 – 저축 = 소비

소비와 저축의 합이 소득이라는 점에서 두 가지 서술은 수학적으로 차이가 없다. 하지만 소득을 관리하는 측면에서 보면 차이가 있다. 전자는 소비에 우선순위를 두고 표현한 반면 후자는 우선순위를 저축에 두고 있다.

만약 사람들이 소비와 관련해서 합리적으로 결정한다면 굳이 후자 같은 조언이 나왔을 리 없다. 계획에 따라, 자신의 능력에 따라 합리적으로 소비하고 남은 부분을 저축하면 될 일이다.

하지만 현실은 그렇지 못하다. 소비를 비합리적으로 하는 사람이 많다. 이는 경제 지식이 부족한 탓일 수도, 합리적 의사결정에 필요한 정보가 모자라서일 수도, 앞뒤 가리지 않는 충동적 소비 성향 탓일 수도 있다.

이와 같은 소비자의 약점은 기업에게 기회가 된다. 기업은 이윤을 더 많이 얻기 위해 소비자의 허점을 집요하게 활용한다. 갖은 유혹으로 소비자가 지갑을 열도록 만든다. 몇 가지 사례를 생각해보자.

1000원 숍은 절약의 성지?

일본에서 시작된 1000원 숍은 우리나라에서도 인기가 매우 높다. 사람들이 1000원 숍을 이용하는 이유는 돈을 절약하기 위해서다. 물건을 사고 가게 문을 나서면 돈을 많이 절약했다는 뿌듯함을 느낀다. 실제로 대개는 절약이 이루어진다. 하지만 항상 그렇지는 않다.

1000원 숍에는 정말 깜짝 놀랄 만한 물건이 많다. 아무리 봐도 1000원보다는 더 값나가 보이는 물건들이다. 그야말로 '머스트 해브 아이템', '잇템'들이다.

반면에 그렇지 않은 물건도 많이 있다. 1000원 숍도 당연히 이윤을 추구하는 기업이다. 머스트 해브 아이템만 팔아서는 이윤을 많이 남기기 어렵고 시장에서 오래 버티기 힘들다. 일본에서 이루어진 연구에 의하면 1000원 숍의 이익률이 대형 마트보다 오히려 높다고 한다. 놀랍게도 1000원 숍이 대형 마트보다 이윤이 많이 남는 장사라는 뜻이다.

이는 이윤이 거의 남지 않는 물건(머스트 해브 아이템)과 이윤이 상당히 남는 물건을 적당히 섞어놓는 전략 덕분이다. 다른 곳에서는 절대로 1000원에 살 수 없는 물건이 상당히 많지만 다른 곳에서 더 싸게 살 수 있는 물건도 적지 않다.

그러므로 1000원 숍에서 다른 곳보다 더 싸게 파는 물건을 구입하는 것은 합리적이지만, 1000원 숍에서 판다고 해서 무엇이든지 구입하는 행위는 합리적이지 못하다. 가게를 구경하다 1000원밖에 하지 않는다는 생각에 바구니에 이것저것 담다 보면 그다지 필요하지 않은 물건을 사거나 계획에도 없던 물건을 충동적으로 사는 실수를 범한다.

"돈을 쓰기 전에 일곱 번 생각하라"는 말이 있다. 물건을 사기 전에 자신에게 꼭 필요한지를 여러 차례에 걸쳐 생각해야 한다는 뜻이다. 물론 1000원 숍이라고 예외는 아니다.

비싼 물건은 돈값을 한다?

옷을 사는 사람들은 두 부류로 나뉜다.

먼저 싼 옷을 여러 벌 사는 사람들이 있다. 이들은 "비싼 옷 한 벌 사느니 싼 옷을 여러 벌 사서 번갈아 입고 버리는 편이 더 낫다"라고 생각한다.

반면에 어떤 사람들은 비싼 옷을 사서 아끼고 오랫동안 입는다. "역시 비싼 옷은 품질이 좋고 오래 입을 수 있어" 같은 생각을 가진 사람들이다.

어느 쪽이 합리적인지는 단정 지어 말할 수 없다. 나름대로 자신의 선택에 대한 합리적 근거를 갖고 있다.

여기에서 말하려는 것은 가격이 비싼 옷이 분명히 품질이 좋지만, 품질이 반드시 가격에 정비례하지는 않는다는 점이다. 비싼 옷을 사더라도 이 점은 알고 사야 한다.

예를 들어보자. 가격이 10만 원인 옷과 100만 원인 옷이 있다. 합성섬유를 사용한 10만 원짜리 옷과 달리, 100만 원짜리 옷은 천연섬유로 만들었고 바느질도 깔끔하다. 그렇다고 100만 원짜리 옷이 10만 원짜리 옷보다 10배 품질이 우수하고 소비자에게 10배 만족을 줄까?

이에 답하기 전에 '수요의 법칙'을 되새겨보자. 가격이 비싸지면 수요량이 감소한다는 경제학의 기본 원리다. 가격이 10만 원인 옷은 사람들이 큰 부담 없이 살 만하지만, 100만 원인 옷은 이야기가 다르다. 마음에 들더라도 선뜻 구입할 수 있는 사람이 많지 않다.

기업도 이 사실을 잘 안다. 그래서 10만 원짜리 옷을 만들면서는 소비량이 많을 것으로 기대한다. 하지만 가격이 100만 원인 옷은 소수의 소비자를 위한 상품이다.

이제 10만 원짜리 옷의 원가가 판매가의 50퍼센트인 5만 원이라고 하자. 이 옷 한 벌의 이윤이 5만 원이므로, 1만 벌을 팔면 5억 원의 이윤을 얻을 수 있다.

가격이 100만 원인 옷의 원가도 판매가의 50퍼센트인 50만 원이라고 하자. 이 옷으로 5억 원의 이윤을 얻으려면 1000벌을 팔아야 한다. 그러나 이처럼 고가의 옷을 1000벌이나 팔기는 불가능하다. 만약 100벌을 판다면 이윤이 5000만 원에 불과하며, 500벌을 팔아도 2억 5000만 원에 그친다.

고가의 물건은 많이 팔리지 않으므로 기업의 입장에서 이윤을 많이 얻기 힘들다는 한계가 있다. 그래서 기업은 원가 비율을 낮춰서 한 개당 이윤을 높이는 전략을 쓴다. 가격이 10만 원인 옷의 경우 원가가 판매가의 50퍼센트라면, 100만 원인 옷은 원가를 판매가의 20~30퍼센트 정도로 낮게 유지한다. 이윤율을 훨씬 크게 만드는 전략이다. 그래서 판매가가 10배나 비싸더라도 그 옷의 원가는 4~6배에 불과하다.

결국 일반적으로 높은 가격이 좋은 품질을 의미하지만, 가격과 품질이 정확하게 비례하지는 않는다.

가격 차별 전략

경제학에서는 이를 '가격 차별'로 설명하기도 한다. 비싼 옷을 사려는 사람은 높은 가격을 기꺼이 낼 의향이 있다. 경제 용어를 사용하자면, 수요의 '가격 탄력성'이 낮다.

반면에 저렴한 옷을 사려는 사람은 가격에 민감한 성향을 보인다. 조금이라도 비싸다 싶으면 구입을 포기한다. 가격 탄력성이 높은 사람이다.

기업은 소비자의 이러한 성향을 간파하고 있다. 그래서 가격에 민감한 소비자를 대상으로 싼값의 옷을 출시한다. 반면에 가격에 별로 신경 쓰지 않는 (소수의) 소비자를 노려 옷 가격을 상당히 비싸게 정한다. 예를 들어 싼 옷의 경우 원가에 50퍼센트의 이윤을 더했다면, 비싼 옷의 경우에는 원가에 70~80퍼센트의 이윤을 더한다.

비싼 옷을 좋아하는, 가격 탄력성이 낮은 사람은 기꺼이 비싼 옷에 돈을 지불한다. 남들과 차별화된 고가 옷을 입고 다닌다는 뿌듯함과 만족감에 대한 대가인 셈이다. 그렇지만 그 만족감이 이 정도의 가격 차이를 감내할 가치가 있는지는 엄밀히 따지지 않는다.

이러한 사례는 비행기 좌석에서도 찾아볼 수 있다.

비행기 비즈니스석 요금은 대개 이코노미석 요금의 3배 정도다. 미국이나 유럽으로 여행할 경우 요금 차이가 몇백만 원에 이른다.

비즈니스석에 앉으면 180도 펴지는 의자, 양질의 식사, 더 넓은 화면의 개인 모니터, 더 친절한 서비스가 보장된다. 그러나 비즈니스석이 제공하는 서비스와 환경이 이코노미석보다 3배 더 좋지는 않다. 다시 말하면, 상대적으로 좋은 서비스와 나은 환경의 가치가 몇백만 원에 이르지는 않는다. 그 차이도 단 12시간 정도만 지속된다.

경제적 여유가 있고 다른 사람과 다른 대우를 받고 싶은 사람들, 회사 돈으로 출장 가는 사람들은 기꺼이 비싼 요금을 낼 용의가 있다. 항공사는 이들을 대상으로 이윤율을 훨씬 더 높여 이코노미석의 3배에 해당하는 요금을 부과한다.

"가격을 더 비싸게 매겨라. 그러면 소비자는 비싼 값을 낼 것이다. 그러니까 가격을 더 비싸게 매겨라." 명품을 만드는 회사가 생각하는 전략이다. 이상하게 보이지만 실제로 더 비싸진 물건에 비싼 값을 내며 뿌듯해하는 소비자들이 있다.

밴드왜건 효과에서
베블런 효과까지

친구 따라 강남 간다, 밴드왜건 효과

경제학자들은 합리적인 소비를 방해하는 요인을 몇 가지로 구분한다.

첫째, 밴드왜건bandwagon 효과다. 우리말로 '편승 효과' 또는 '모방 효과'라 한다. 밴드왜건은 미국에서 서커스 단원들이 타고 다니던 마차를 말한다.

자신의 필요성이나 기호에 기초해서 물건을 구매하지 않고, 다른 사람들이 구매하면 또는 유행에 뒤처지지 않아야겠다는 일념으로 따라서 구매하는 소비 행위를 말할 때 밴드왜건 효과라고 한다. 서커스를 홍보하는 밴드왜건을 많은 사람이 졸졸 따라다니는 모습을 본떠 만들어진 용어다.

자신에게 꼭 필요한 물건이라면 유행과 상관없이 구입하는 게 합리적이다. 이런 행위까지 문제 삼자는 게 아니라, 꼭 필요하지 않거나 구입할 능력이 되지 않음에도 유행에 뒤처지지 않기 위해 소비하는 행위가 문제라는 뜻이다.

친구나 유명 연예인이 입은 옷이나 신발을 무작정 따라 구입하는 것이 밴드왜건 효과의 대표적인 모습이다. "친구 따라 강남 간다"는 속담과 딱 들어맞는다.

홍대병, 스노브 효과

사람이란 참 묘하다. 밴드왜건 효과처럼 줏대 없이 유행을 추구하는 사람도 많지만, 그와 극히 대조를 이루는 사람들도 있다.

이들은 유행하는 것은 무조건 멀리하여 자신의 차별성을 강조하는 성향을 보인다. 겨울에 롱패딩이 유행하면, 자신은 대중과 다르다고 여기며 무조건 상반되는 쇼트패딩을 사 입고 돌아다닌다. 하반신이 추워도 버틴다. 자신에게 쓸모 있어서가 아니라 단지 귀하거나 특별하거나 차별화된다는 이유로 물건

을 소유하는 행위다.

　이를 스노브snob 효과, 우리말로 '속물 효과'로 분류한다.

　다른 사람과 구별되려고 유명 디자이너의 옷만 고집한다든지, 진귀한 예술품을 사거나 튀는 색깔의 스포츠카를 모는 행위가 스노브 효과의 대표적인 사례다. 이런 물건들은 실용적인 가치가 별로 없지만, 희소하다는 이유로 시장에서 비싼 값에 거래되는 경향이 있다.

　젊은이들 사이에서는 '홍대병'이라는 말이 쓰인다. 대중적인 콘텐츠를 거부하고 그에 비해 마니아 문화를 우월하다고 여기며 심취한 사람들을 지칭하는 말이다. 비주류가 되기 위해서 유행과는 거리가 멀고 특이한 것만 추구하고 이에 자부심을 갖는 사람들 역시, 스노브 효과에 의한 비합리적 소비자다.

베블런 효과

미국 경제학자이자 사회학자인 베블런Thorstein Veblen은 자신의 재산이나 사회적 지위를 뽐내기 위해 과시적으로 소비하고 여가를 즐기는 사람들이 있다고 오래전에 지적했다. 공공연하게 자신의 경제력과 경제적 성공을 드러내려고 고가의 사치품이나 명품을 구입한다는 것이다.

이런 식으로 필요에 의해서가 아니라, 보통 사람들이 구입하기 힘든 재화와 서비스를 과시하기 위한 목적으로 구입하는 행위를 그의 이름을 따서 베블런 효과라고 부른다. 베블런 효과에 의하면 사람이 어떤 물건에서 얻는 만족은 다른 사람들이 그 물건을 적게 가지고 있을수록, 그리고 그 물건이 다른 사람들의 것보다 고급일수록 증가한다.

가격이 오르면 수요량이 감소하는 것이 정상이며, 합리적 소비자는 이 수요의 법칙에 따른다. 그런데 베블런 효과가 강해지면 가격이 오를수록 오히려 구매욕이 발동하여 수요량이 증가하기도 한다. 정상이라고 할 수 없다.

가진 물건이 아직 낡거나 고장 나지 않았는데도 새 물건이 나오면 바로 구입하는 사람들이 있다. '얼리어댑터'들이다. 특히 전자제품 구입에 이런 성향을 보이는 사람들을 쉽게 찾을 수 있다. 남들보다 한발 앞서 소비하는 것을 중요하게 여기는 얼리어댑터들의 행위도 베블런 효과와 무관하지 않다.

맞물려 있는 소비 행태

비합리적 소비 가능성을 높이는 밴드왜건 효과, 스노브 효과, 베블런 효과는 서로 연관된다. 어떤 소비 행위의 경우에는 특정 효과로 규정하기 힘들 정도로 애매하거나 여러 효과를 함께 포함하기도 한다.

우리나라 사람들은 사치품을 좋아한다는 비판을 받기도 하고 어떤 유행이 불면 맹목적으로 따라 하는 쏠림 현상이 심하다는 지적도 받는다. 가격이 웬만한 직장인의 한 달 월급과 맞먹는 겨울 코트를 생각해보자. 처음에는 일부 상류층이 특권의식 속에서 이런 고가의 코트를 입는다. 베블런 효과다.

이 고가 코트가 패션 잡지에 실리거나 이 옷을 입은 연예인이 방송 카메라에 잡히면 순식간에 '따라 하기 소비' 행태가 나타난다. 경제적 여력이 충분하지 않음에도 자신도 상류층에 속한다는 착각에, 또는 상류층에 속하는 것처럼 보이고 싶어서, 그것도 아니면 남들에게 자랑하고 싶어서 고가의 코트를 너도 나도 구입한다. 밴드왜건 효과가 발생하는 것이다.

그러면 원래 고가 코트를 입었던 상류층은 다시 더 비싼, 더 고급스러운 코트를 찾는다. 이미 대중화된 코트로는 더 이상 만족을 얻지 못해서다. 차별화된 소비를 위해서 대중이 범접하기 힘든 더 고가의, 특이한 새 물건을 찾는다. 이는 스노브 효과라 할 수 있다.

최상위 계층의 베블런 효과가 밴드왜건 효과로 이어지는 사례를 하나 더 보자. 호텔 예식에는 몇억 원의 비용이 들어간다. 소수의 최상위 계층이 호텔에서 자녀 결혼식을 치른다. 시간이 흐르면 많은 사람이 호텔 예식을 따라 한다. "한 번뿐인 결혼식인데" 하는 생각으로 합리화하면서. 이제 최상위 계층은 호텔 예식에 만족하지 못한다. 더 고가의, 더 독특한 결혼식 방법을 찾는다. 예를 들면 하와이에 있는 호텔 같은 곳에서 결혼식을 한다.

남을 의식하는 소비에서 벗어나는 것이 합리적 소비를 위한 핵심이 아닐까.

뺏기지 말고
뺏자

비싸도 사는 이유

"커피값이 왜 이렇게 비싸? 고작 몇 모금 마시는 데 6000원이야?"

볼멘소리를 하면서도 사람들은 커피를 마신다.

"택시 타면 요금이 올라갈 때마다 가슴이 철렁 내려앉아요."

뒷자리에 앉은 손님이 기사에게 농담 한마디를 건넨다.

"아휴, 삼겹살값이 또 올랐네. 이거 원 채식주의자가 되든지 해야지."

마트에서 바구니에 삼겹살을 담으며 주부가 한숨을 내쉰다.

이들에게는 공통점이 하나 있다. 값이 비싸다고 투덜거리면서도 자기 돈을 내고 스스로 소비한다는 것이다.

누가 강요하지 않았음에도 이들이 자유의지로 커피를 마시고 택시를 타고 삼겹살을 사는 이유는 소비에서 느끼는 효용이 가격보다 크기 때문이다. 다만 효용과 가격의 간격을 넓히고 싶어서 이왕이면 가격이 더 쌌으면 하고 불평하는 것이다. 우리는 여전히 자신이 얻을 수 있는 효용이 가격보다 큰 한, 값이 올라도 그 상품을 계속 산다.

그런데 정말 소비자는 내는 돈보다 더 큰 효용을 얻을까?

거래에서 소비자가 얻는 보너스

한 조사에서 서울과 수도권에 거주하는 운전자에게 아래와 같은 질문을 했다.

"휘발유 가격이 얼마를 넘으면 운전을 포기하겠습니까?"

운전자 10명 중 4명은 '리터당 3000원'이라고 답했다. 당시 휘발유 1리터 가격은 1600원이었다. 이들은 휘발유를 사는데 쓰는 돈보다 리터당 1400원 정도 더 큰 효용을 얻고 있는 셈이다.

여기서의 1400원이 소비자 잉여consumer surplus에 해당한다.

소비자 잉여 = 소비자가 지불할 생각이 있는 최대 금액

— 실제로 지불하는 가격

　소비자가 시장에서 재화나 서비스를 사서 소비할 수 있다는 사실은 이래서 대단한 축복이다. 만약 시장 거래가 없다면 필요한 것을 스스로 생산하고 조달해야 한다. 이런 상황에서는 소비자 잉여가 발생하지 않는다.

　소비자 잉여의 크기는 상품마다, 사람마다 천차만별이다. 시간이나 상황에 따라서도 달라진다. 평소 생수 한 병에 지불할 생각이 있는 최대 가격은 1000원 정도다. 그런데 격렬하게 농구를 하거나 뙤약볕 아래에서 일을 열심히 한 다음에는 어떨까? 시원한 생수 한 병을 마실 수 있다면 몇천 원은 기꺼이 낼 용의가 생긴다.

　만약 광활한 사막에서 며칠째 헤매고 있다면 생수 한 병을 얻기 위해 지불할 용의가 있는 값은 천정부지로 치솟을 것이다.

소비자 잉여를 지켜라

　기업도 이 사실을 잘 알고 있다. 그래서 소비자 잉여를 뺏으려고 시도한다. 소비자는 잉여의 일부를 뺏기더라도 여전히

어느 정도 남아 있으므로 상품을 산다. 아직 그 상품으로부터 지불한 돈 이상의 효용을 얻을 수 있다.

기업이나 상인은 소비자 잉여를 뺏기 위해 치밀하고 다양한 방법을 사용한다. 무더운 여름날 공원이나 해수욕장에서 생수나 아이스크림 가격을 평소보다 비싸게 올려 받는 게 대표적인 사례다. 날씨 때문에 소비자들이 지불할 생각이 있는 가격이 올랐다는 사실을 이용하는 전략이다.

1인 가구가 급증하자 소량 포장을 해서 파는 가게가 많아졌다. 대량 포장을 한 것은 다 먹지 못하고 버리기 일쑤니, 반가

운 일이다.

그런데 여기에도 소비자 잉여의 경제학이 숨어 있다. 배추 한 포기는 2000원이지만 반으로 잘라 1500원씩에 판다. 1000원이 아니다. 생선 한 마리는 1만 원이지만 반 토막을 내서 7000원씩에 판다. 그래도 어쩌랴. 먹고 싶은걸. 혼자 사는 사람은 배추 반 포기와 생선 반 토막을 기꺼이 산다. 소비자 잉여의 일부가 상인에게 넘어간다.

빼앗기 전략, 루팡을 잡아라!

이런 판매 전략도 있다. 피자 한 판은 2만 원이지만 두 번째 판은 1만 원이라고 광고한다. 도넛 1개에 1000원이지만 12개가 담긴 한 상자는 8000원 정도에 판매한다. 동네 과일 가게에서도 배 1개 값은 3000원이지만 1만 원에 4개를 준다. 대량 구매하는 소비자를 우대하는 것이 아니다. 소량 구매하는 소비자에게 비싼 가격을 적용해 소비자 잉여를 빼앗는 행위다.

유명 아이돌 가수가 정규 앨범을 발매하기 전 싱글을 판매한다. 싱글 앨범 가격이 1만 원, 정규 앨범 가격이 2만 원이라고 하자. 그리고 팬들은 신곡들을 들으려고 최대 5만 원까지는 낼 용의가 있다고 하자.

이들은 먼저 싱글 앨범을 1만 원에 구입하고, 정규 앨범이 나오면 또 구입한다. 합쳐서 3만 원이나 든다. 그래도 기쁘다. 여전히 2만 원의 소비자 잉여를 누리고 있으니까. 이들은 이미 소비자 잉여의 일부를 빼앗겼다는 사실을 모른다. 싱글 앨범이 없었더라면 3만 원의 소비자 잉여를 누렸을 텐데.

생산자 잉여도 있다

이처럼 우리는 알게 모르게 소비자로서 정당하게 누릴 수 있는 소비자 잉여의 일부를 기업에 뺏기고 있다. 소비자에게 소비자 잉여가 있으니 생산자에게는 생산자 잉여producer surplus 라는 것이 있을까? 당연히 있다. 그렇지 않다면 생산자들이 섭섭하지 않겠는가.

생산자는 물건을 팔면서 최소한 이 정도는 받아야겠다는 금액을 정해놓고 있다. 손해를 볼 수는 없으니까. 그러나 생산자가 실제로 받는 돈은 그보다 많다.

이제 생산자 잉여를 계산하는 법은 명백해 보인다.

> 생산자 잉여 = 생산자가 실제로 받는 가격
> – 받을 생각이 있는 최소한의 금액

생산자에게 소비자 잉여를 뺏기고만 있을 순 없다. 소비자도 반격이 가능하다. 현명한 소비자는 생산자 잉여의 일부를 빼앗기도 한다.

레버리지 효과

지구도
들어 올릴 수 있다

금융에 웬 지렛대?

고대 그리스의 위대한 수학자이자 물리학자였던 아르키메데스는 왕 앞에서 자신이 설 수 있는 장소만 마련해준다면, 지구를 들어 올리겠다고 호언장담했다. 도대체 이런 무모한 용기가 어디서 생겼을까?

아르키메데스는 알고 있었다!

지렛대를 이용하면 작은 힘으로도 무거운 물체를 쉽게 들어 올릴 수 있다는 것을.

지렛대의 원리는 물리학 이론에만 머무르지 않고 실제 여러 분야에서 이용되고 있다. 아르키메데스가 조국 시라쿠사를 침략한 로마군을 막기 위해 고안한 투석기 같은 무기에서부터 오늘날 대규모 공사 현장에서 무거운 물건을 들어 올리는 건설 장비에 이르기까지 다양하다.

나아가 경제학과 금융 시장에서도 지렛대 원리가 두루 쓰인다. 이른바 레버리지leverage 효과, 우리말로 지렛대 효과다. 레버리지 효과의 원리를 알아보자.

레버리지 효과의 달콤함

1억 원을 가진 사람이 있다. 그는 주가가 오르리라고 확신하며 이번 기회에 돈을 많이 벌 욕심을 낸다. 그런데 가진 돈이 1억 원에 불과하니, 주가가 10퍼센트 올라봐야 버는 돈은 1000만 원이다. 만약 10억 원이 있다면 1억 원을 벌 수 있고, 주가가 20퍼센트까지 상승한다면 2억 원이라는 수익을 단숨에 쥘 수 있다.

그는 돈을 빌려서 투자하기로 마음을 먹는다. 5퍼센트 이자율로 1억 원을 대출받아 총 2억 원을 주식에 투자한다. 다행히도 주가가 20퍼센트 올라서 4000만 원의 수익을 남기고 주식을 처분한다. 빌린 돈 1억 원과 이자 500만 원을 갚고 나니,

그의 손에는 1억 3500만 원이 남는다.

자기 돈 1억 원으로 3500만 원의 수익을 올렸으니 투자 수익률이 무려 35퍼센트다. 만약 그가 돈을 빌리지 않고 자기 돈 1억 원만으로 투자했더라면 수익률은 20퍼센트, 즉 2000만 원의 수익을 얻는 데 그쳤을 터이다.

신비한 마법 같다. 이것이 바로 레버리지 효과의 달콤함이다.

이처럼 투자자가 남에게서 빌린 돈을 지렛대처럼 활용해 투자함으로써 자기 돈만으로 투자했을 때보다 더 높은 수익률을 얻는 현상을 레버리지 효과라고 부른다.

대박이거나 쪽박이거나

당연한 얘기지만 레버리지 효과는 수익이 이자보다 클 때 나타난다. 그러나 세상일이 항상 자기 뜻대로만 되지는 않는 법. 주가가 크게 오를 것이라는 기대와 달리 투자 수익이 이자보다 작거나 오히려 손실을 본다면, 피해는 눈덩이처럼 불어난다.

예를 들어 이 사람이 2억 원을 투자했는데 기대와 달리 주가가 20퍼센트 하락했다고 하자. 만약 자기 돈 1억 원만 투자했더라면 2000만 원 손실로 그쳤을 테지만, 돈을 빌려서 투자한 관계로 손실이 4000만 원에 이르게 된다. 이제 빌린 돈과 이자 500만 원까지 갚아야 한다. 이 사람의 손에는 겨우 5500만 원이 남는다. 엄청난 손실이다.

자기 돈만 투자했으면 20퍼센트 손실로 그쳤겠지만, 빌린 돈까지 투자한 탓에 손실률이 무려 45퍼센트나 된다. 이것이 레버리지 효과의 함정이다.

좋은 결과가 나올지 나쁜 결과가 나올지 미리 알 수 있는 사람은 없다. 우리는 신이 아니다. 자신의 예측이 확실하다는 '착각'에 빠져 남의 돈을 빌려서까지 투자에 나서다 결국 쪽박을 차게 되는 비극은 피해야 한다.

뒤집힌 레버리지 효과의 비극적 결말

우리나라에서 레버리지 효과를 이야기하면서 빼놓을 수 없는 소재가 하나 있다. 부동산 투자다. 원리는 앞서 이야기한 주식 투자와 동일하다. 대상만 주식에서 부동산으로 바뀌었을 뿐이다.

빚을 내서 아파트를 구입하는 사람이 매우 많다. 아니, 아파트를 사면서 대출을 받지 않는 사람이 거의 없다. 그동안 우리나라에는 '부동산 불패 신화'가 있었다. 부동산을 구입하면 절대로 손해 보지 않을 뿐 아니라 늘 고수익이 보장된다는 것이다. 부끄러운 일이지만 어느 정도 사실이다. 그래서 우리나라 사람들은 부동산 투자에 있어서 레버리지 효과의 달콤함에만 익숙해졌다.

그러나 이제는 상황이 바뀌었다. 아파트 가격을 비롯한 부동산 가격이 하락하는 일이 비일비재해졌다. 그래서 은행에서 주택 담보 대출을 받아 무리하게 아파트를 구입한 사람들이 대출금 상환에 허덕이는 경우를 심심치 않게 볼 수 있다.

극단적인 예를 생각해보자. 자기 돈 1억 원과 은행 대출 1억 원을 합쳐 2억 원짜리 아파트를 한 채 샀다. 내 집을 마련했다는 기쁨도 잠시, 부동산 시장이 침체되면서 아파트 가격이 반 토막 나서 1억 원이 되어버렸다. 은행에서는 대출 이자를 상환하라는 독촉이 끊이지 않는다. 아파트를 처분해서 대출을 갚으려 해도 그럴 수 없다. 팔아서 받은 돈으로 대출을 갚고 나면 몸 맡길 집도 없이 빈털터리가 되기 때문이다.

그러니 아파트를 팔지도 못한다. 남들이 보기에는 멀쩡한 집을 보유해 부러움의 대상일 수 있지만 정작 당사자는 월급으로 대출 이자 갚기에도 벅찬 신세일 뿐이다. 이런 사람을 하우스푸어 house poor라고 부른다. 무리하게 빚을 내서 집을 산 후에 집값 폭락으로 생활이 어려워진 사람들을 일컫는 말이다.

갭 투자

얼마 전부터는 '갭gap 투자'라는 것까지 유행하기 시작했다. 심지어 젊은이들 사이에서도 유행해서 새로운 부동산 투기 열풍이 불기도 했다. 이 역시 레버리지 효과를 활용하는 투자 기법이다.

매매가가 3억 원인데, 전세가가 2억 원인 아파트가 있다. 돈이 얼마 있어야 이 아파트를 살 수 있을까? 내가 주거할 목적으로 사려면 3억 원이 필요하다. 하지만 투자할 목적이라면 이야기가 달라진다. 내 돈이 1억 원만 있으면 가능하다. 나머

지 2억 원은 전세로 입주하는 사람에게서 받으면 되니까. 매매가 3억 원의 아파트를 1억 원만 있으면 소유할 수 있는 것이다. 여기에 대출까지 활용한다면 실제로 내가 가지고 있어야 하는 돈은 1억 원보다 훨씬 적다. 이런 식으로 집에 투자하는 방법이 갭 투자다.

이제 아파트 가격이 몇 년 후에 1억 원 오른다면, 내 돈 1억 원으로 1억 원을 벌었으므로 투자 수익률이 무려 100퍼센트가 된다. 엄청난 수익률이다. 레버리지 효과의 매력에 빠지기 쉬운 이유가 여기에 있다.

누구나 레버리지 효과를 기대하고 대출받아 투자하지만, 투자 수익은 내 뜻대로만 되지 않는다. 아파트 가격이 내려가면 비극이 시작된다.

지렛대를 너무 좋아하다간 지뢰를 밟을 수도 있다.

다시 강조하지만, '하이 리스크, 하이 리턴high risk, high return'이다. 높은 수익엔 언제나 큰 위험이 도사린다.

사람들이 저축을
많이 해도 문제

과유불급

어느 날 공자에게 제자인 자공이 물었다.

"스승님, 자장과 자하 중 누가 더 현명합니까?"

공자는 두 제자를 다음과 같이 비교했다.

"자장은 아무래도 매사에 지나친 면이 있고, 자하는 부족한 점이 많은 것 같다."

자공이 다시 물었다.

"그렇다면 자장이 낫겠군요?"

그러자 공자는 이렇게 대답했다.

"그렇지 않다. 지나침은 미치지 못한 것과 같다."

《논어》의 〈선진편〉에 나오는 이야기다. 공자는 활달하며 진취적인 자장과, 신중하고 현실적인 자하에 대해 모두 중용中庸의 미덕이 부족함을 꾸짖었다.

누구나 알고 있긴 하지만 정작 생활 속에서 중용의 도, 과유불급의 원리를 실천하기는 그리 쉽지 않다. 음식만 해도 적당히 먹으면 좋으련마는, 배고픔에 허겁지겁 먹다 폭식으로 이어지기 일쑤다. 그러고는 "어휴, 배불러" 하고 탄식하며 너무 먹은 것을 바로 후회한다.

경제 역시 과유불급의 원리에서 예외일 수 없다. 너무 지나쳐도, 너무 부족해도 탈이 난다. 소비와 저축의 이야기다.

소비는 개인이 생활하기 위해서도 필수적이지만 경제 성장을 위해서도 없어서는 안 된다. 소비가 적으면 경제 활동이 둔화된다. 경기 회복을 위해서는 소비가 늘어나야 하는데 사람들이 돈을 쓰지 않으면 장사가 더 안 되고, 기업의 생산 활동이 더 위축된다. 이에 따라 정부는 돈이 있는 사람들에게 소비를 권장하는 캠페인까지 벌인다. 자동차처럼 비싼 재화에 붙는 세금을 깎아 자동차를 많이 사도록 유도하기도 한다.

하지만 반대로 소비가 늘어도 문제가 생긴다. 소비가 지나치게 많으면 물가가 크게 오르는 부작용이 따른다. 과유불급이라는 말처럼 적절한 소비가 건전한 경제 성장을 돕는 보약이다.

많아도 탈, 적어도 탈

사람들은 소득을 소비하거나 저축하는 데 쓴다. 따라서 소비를 늘리면 저축이 줄어들고, 소비를 줄이면 저축이 늘어난다. 소비와 저축은 마치 시소의 양 끝과 같다. 어느 한쪽이 올라가면 반대쪽은 내려간다.

소비와 저축의 관계가 이렇듯 밀접하다면 우리가 '소비가 많아도 탈, 적어도 탈'이라고 말할 때 저축에 대해서도 동일한 논리가 적용될까? 과연 저축 역시 '많아도 탈, 적어도 탈'일까?

저축이 지나치게 적으면 문제라는 말은 쉽게 이해가 된다. 그런데 어려서부터 저축을 많이 해야 한다는 말을 귀에 못이 박이도록 들어온 우리로서는 저축이 지나치게 많아도 바람직하지 않다는 말은 언뜻 이해가 되지 않는다. 정말 그런가? 저축이 지나치면 왜 문제가 될까?

불경기가 심하고 경기 회복 조짐이 보이지 않으면 대부분의 가정이 허리띠를 졸라맨다. 당장 필요하지 않은 소비는 뒷전으로 미룬다. 내년에, 후년에 어떤 일이 벌어질지 모르니 살림을 긴축하는 것이다. 해고가 우려되는 상황에서 무작정 돈을 쓸 수는 없다. 최악의 상황에 대비해 저축을 해놓는 것이 현명하다.

그런데 문제는 이러한 현상이 '대부분'의 가정에서 나타난다는 데 있다. 이웃집도 비슷한 상황에 처하면 똑같이 소비를 줄이고 저축을 늘리는 선택을 한다.

이처럼 소비자 대부분이 소비를 줄이고 저축에 치중하면 경제는 어떻게 될까? 매년 새 옷을 사서 입던 사람이 옛날에 산 옷을 올해도 계속 입는다. 생산 활동이 더욱 악화된다. 그러면 기업은 직원을 해고하고 신규 채용을 하지 않는다. 이렇게 실업자가 증가한다. 실업자가 증가하니 우리나라 사람들의 전체 소득이 감소한다. 경제가 지속적으로 위축되는, 이른바 '축소 순환의 늪'에 빠진다.

이런 현상을 절약의 역설paradox of thrift 또는 저축의 역설이라고 한다. 개인의 입장에서는 저축을 늘려 미래에 대비하는 것이 합리적이지만, 대부분의 사람이 비슷한 선택을 하면 우리나라 전체의 소득이 감소해서 저축마저 오히려 감소하게 되고 경기 회복이 더 지연되는 악순환이 발생하는 것이다.

소비 권하는 사회

결국 저축을 너무 적게 하여 기업의 투자 자금이 부족해지는 일도 심각하지만, 저축이 지나치게 많아 장사가 안 되고 경기가 침체에서 벗어나지 못하는 일도 문제다.

그래서 저축과 소비 사이에 적절한 균형, 과유불급의 원리가 필요하다.

우리가 저축을 많이 해야 하는지 아니면 소비를 많이 해야 하는지에 대해서는 한마디로 결론을 내리기 어렵다. 그때그때의 경제 여건에 따라 이야기가 달라진다.

우리나라가 고속 성장을 하던 시기에는 투자에 필요한 국내 저축이 부족한 상태였기에 정부와 전문가들은 저축을 늘리라고 강조했다. 그래서 우리는 '저축이 미덕'이라는 말에 익숙하다.

하지만 경기 침체가 심하고 투자 자금이 남아도는 상황에서는 '소비가 미덕'이라는 말이 타당하다.

현재 가치

원숭이에게
배우는 경제

영민한 원숭이

여기서는 금리에 일가견이 있는 영물인 원숭이들이 동행할 것이다. 이 원숭이들이 전하는 금리 이야기를 100퍼센트 이해하고 생활 속에서 꼼꼼하게 따져본다면 부자가 될 확률이 높아진다.

중국 송나라 때 저공狙公이라는 사람이 있었다. 원숭이를 뜻하는 '저狙'란 이름이 말해주듯이, 저공은 많은 원숭이를 길렀다. 원숭이들이 불어나다 보니 먹이를 구하는 일이 날로 어려워졌다.

저공은 원숭이에게 나누어줄 먹이를 줄이기로 했다. 그러나 먹이를 줄이면 숫자에 밝고 영민한 원숭이들이 자기를 싫어할 것 같아 원숭이들에게 다음과 같이 제안했다.

"앞으로는 너희에게 도토리를 '아침에 3개, 저녁에 4개(조삼모사朝三暮四)'씩 주려고 하는데, 너희 생각은 어떠냐?"

이 제안을 들은 원숭이들은 하나같이 화를 냈다. 그러자 저공은 제안을 다소 수정했다.

"그럼 아침에 4개, 저녁에 3개(조사모삼朝四暮三)씩 주마."

이에 원숭이들은 모두 기뻐했다.

열자라는 사람이 쓴 〈황제편〉에 나오는 이야기다. 두 경우 모두 원숭이에게 주는 도토리는 하루에 7개로 같지만 '지금' 4개를 제안함으로써 상대방을 속이는 잔꾀나 또 이에 속는 어리석음을 지적하고 있다. 그렇게 조삼모사는 '당장 눈앞의 차이만 알고 그 결과가 같음을 모르는 상태'를 비유하거나, '간사한 잔꾀로 남을 속여 희롱한다'는 뜻으로 사용된다.

하지만 도토리의 개수가 더 늘어날 가능성이 원천적으로 봉쇄되어 있다면, 또 선택지가 단 두 가지뿐이라면, 경제학자들을 불러놓고 실험을 했더라도 원숭이들과 똑같은 선택을 했을 것이다.

엄밀하게 말하면 '아침에 3개, 저녁에 4개'와 '아침에 4개,

저녁에 3개'가 같다는 열자의 생각은 틀렸다. 조삼모사와 조사모삼은 같지 않다. 아침의 1개가 저녁의 1개보다 더 큰 가치를 지니기 때문이다.

부자가 되고 싶다면

어느 날 부모님이 말씀하신다.

"매달 1일에 한 달 용돈으로 5만 원씩 줄게."

"매년 1월 1일에 1년 치 용돈으로 60만 원을 줄게."

여러분이라면 어느 쪽을 선택하겠는가. 용돈 총액으로 따지면 양쪽에 차이가 없다. 그러나 여러모로 연초에 한꺼번에 60만 원을 받는 쪽이 낫다. 왜일까?

매달 받기로 선택하는 경우에는 몇 달 후 부모님이 약속을 어기거나 형편 때문에 용돈을 주지 못할 가능성이 있다는 점이 그 첫 번째 이유다. 시험 성적이 나빠지기라도 하면 오히려 용돈이 깎일 수도 있다. 하지만 이와 같은 '사고'는 실제로 발생할 가능성이 거의 없다.

중요한 것은 두 번째 이유다. 연초에 용돈을 받으면 한 달 용돈 5만 원을 제외한 나머지 55만 원을 예금할 수 있다. 그리고 예금에서 이자를 얻을 수 있어 실제로 사용할 수 있는 용돈 금액은 60만 원보다 많아진다. 만물의 영장인 인간이 알고 있는 이 원리를 원숭이도 알고 있었던 것이다.

현재의 1원이 미래의 1원보다 가치가 크다

이제 현명한 원숭이들과 함께 경제학자들의 깐깐한 계산법을 추적해보도록 하자. 원숭이들이 조삼모사가 아닌 조사모삼을 선택한 이유는 바로 현재 가치present value에 있다.

굳이 경제학자가 아니더라도, 지금의 100만 원과 1년 후의 100만 원 중 어느 쪽을 원하는지 묻는다면 누구나 지금의 100만 원을 선택할 것이다. 이자율이 5퍼센트라고 할 때, 지금의 100만 원을 은행에 예금하면 1년 후에는 5만 원의 이자가 붙어 105만 원이 되기 때문이다. 이처럼 현재의 1원이 미래의 1원보다 가치가 더 크다.

이번에는 반대로 1년 후의 100만 원이 현재의 얼마에 해당하는지, 즉 현재 가치가 얼마인지 따져보자. 아주 간단하다. 미래의 금액을 '1+금리'로 나누면 된다. 만약 금리가 5퍼센트라면 대략 95만 원(100만 원/(1+0.05))이 현재 가치다.

요약하면 현재의 100만 원은 1년 후의 105만 원과 가치가 같으며, 1년 후 100만 원의 현재 가치는 95만 원 정도라는 얘기다.

그럼 10년 후의 100만 원은 현재 가치가 얼마일까? 100만 원을 $(1+0.05)^{10}$으로 나누면, 현재 가치가 61만 원 정도라는 계산이 나온다.

저공이 제시한 선택지 앞에서 아침에 4개를 선택한 원숭이들은 현재 가치에 밝았음에 틀림없다. 일단 좀 더 많은 현물을 수중에 확보하자는 원숭이들의 선택에서 현실 경제가 우리에게 가르쳐온 진리가 엿보인다.

로또 당첨금, 어떻게 받을까?

복권은 현대에서 시작된 것 같지만 그 역사가 무척 길다. 중국 한나라 때 키노Keno라는 복권이 판매되었다고 한다. 만리장성 건설비를 충당하려는 용도였다. 무려 2200년 전의 일이다.

서양에서는 로마제국 때 복권이 도입되었다는 기록이 있다. 초대 황제 아우구스투스가 로마의 복구 자금을 마련하기 위하여 연회에 참석한 손님들에게 복권을 팔았다. 당첨된 손님에게는 노예, 집, 선박 등의 상품을 주었다고 한다. 이후 고대 로마에서는 황제가 연회에 참석한 손님들에게 추첨을 통해 다양한 상품을 나누어주는 것이 보편화되었다.

지금처럼 당첨자에게 현금을 지급하는 복권은 1530년 이탈리아 피렌체에서 시작되었다. 이탈리아어 '로토lotto'가 오늘날 복권lottery을 뜻하는 보통명사가 된 것도 그래서다. 이후 유럽 각지에서 공공사업이나 전쟁 경비 마련을 위해 다양한 형태의 복권이 발행되었다.

이러한 복권은 현재 가치와 떼려야 뗄 수 없는 관계다.

우리나라에 연금 복권이란 게 있다. 1등 당첨자는 매월 500만 원씩 20년 동안 연금처럼 당첨금을 받을 수 있다. 당국

은 총당첨금이 12억 원(500만 원×12개월×20년)이라고 홍보
한다.

하지만 이 당첨금은 현재 가치를 고려하지 않은 수치다. 사
람들을 착각하게 만들고 복권을 매력적으로 보이게 하려는 계
산법이다. 20년 후에 받게 되는 500만 원은 현재 가치로 환산
하면 188만 원(500만 원/$(1+0.05)^{20}$)에 불과하다. 복권 당첨
금을 과장되게 홍보하는 셈이다. 물론 현재 가치는 금리에 크
게 영향을 받는다. 만약 금리가 2%로 낮아지면 500만 원의 현
재 가치는 336만 원(500만 원/$(1+0.02)^{20}$)이다.

2018년에 있었던 일이다. 미국 복권 메가밀리언의 당첨자
가 몇 주 연속 나오지 않아 누적 당첨금이 무려 16억 달러로 치
솟았다. 역대급 당첨금에 미국은 복권 구입 광풍에 휩싸였다.
우리나라에서도 이 복권을 산 사람들이 있었다.

여기에도 현재 가치의 함정이 도사린다. 16억 달러는 당첨
자가 30년에 걸쳐 받는 금액을 단순히 합한 수치일 뿐이다. 만
약 일시불로 당첨금을 당겨 받겠다고 선언하면 받는 돈은, 즉
16억 달러의 현재 가치는 겨우(?) 9억 달러에 불과하다.

동물 경제학

신기한
동물 경제학 사전

펫코노미를 아시나요?

어느 모임에서 집에서 기르는 개를 '애완동물'이라고 말했다가 무안을 당한 적이 있다. 요즘은 집에서 기르는, 아니 함께 지내는 동물을 '반려동물'이라고 부른다. 사람과 더불어 사는 동물이자, 정서적으로 서로 교감하고 의지하는 존재라는 뜻이리라.

현재 우리나라는 반려동물에 푹 빠져 있다. 반려동물이 있는 가구가 전체의 22퍼센트에 이르고, 반려동물을 키우는 인구가 1000만 명을 넘는다. 반려동물에 대한 TV 프로그램들도 인기다. 사람조차 먹고살 것이 변변치 않아 보릿고개라 했던 것이 불과 수십 년 전이다. 반려동물이 급증하고 관심도가 높아졌다는 것은 그만큼 우리의 삶이 풍요로워졌음을 보여주는 방증이다.

반려동물이 우리 경제에 미치는 영향도 그만큼 커졌다. 전반적으로 경기 침체가 이어지는 가운데에서도 반려동물 관련 산업은 새로운 성장 산업으로 떠올랐다. 그래서 이른바 '펫코노미(pet+economy)'에 대한 관심이 높아지고 있다.

한국소비자원 조사에 의하면 한 가구가 반려동물에 지출하는 평균 비용이 14만 원 정도다. 새 사업 기회를 찾아 헤매는 기업이 이를 놓칠 리 없다. 반려동물 사료 시장에 대기업까지 진출했다. 반려동물을 위한 다이어트 식품, 전용 우유, 샴푸, 호텔, 놀이터 등도 있다. "개 팔자가 상팔자"라는 넋두리가 절로 나온다.

관련 직업도 속속 출현하고 있다. 개를 훈련시키는 직업은 물론이고 반려견을 산책시켜주는 도그워커, 반려동물을 위한 장의사와 식품 코디네이터도 있다. 특히 도그워커는 동물매개치료사와 함께 인공지능 시대에도 유망한 직종으로 꼽혔다. 기계가 제공할 수 없는 감정 영역을 다루는 직업이기 때문이리라.

58

경제 용어에서도 빠지지 않는 개와 고양이

펫코노미는 동물과 인간이 아주 밀접한 관계임을 보여준다. 실로 인간에게 동물은 매우 의미 있는 존재다. 그래서 경제학자들은 동물의 습관과 행동에 주목하고 이에 빗대거나 비교하여 경제 용어나 원리를 표현하기를 좋아한다.

케인스John Maynard Keynes는 인간의 경제 행위를 동물에 비유했다. 그는 인간 본성에 불안정성이 존재한다고 믿었다. 인간이 하는 대부분의 의사결정이 객관적 확률에 따라 도출된 결과가 아니며 자동적 행동, 즉 '야성적 충동'에 의해 이루어진다는 것이다. 우리말로는 야성적 충동이라고 점잖게 번역하고 있지만 원래 영어로는 'animal spirits'다.

이제 특정 동물이 등장하는 경제 용어를 살펴보자. 동물 하면 아마도 개와 고양이가 먼저 떠오를 것이다. 인기 반려동물 1위와 2위를 차지하는 녀석들이다. 경제학자들이 이런 개와 고양이를 그냥 놔둘 리 없다.

우리 속담에 배보다 배꼽이 더 크다는 말이 있다. 주객이 전도된 상황에서 쓰는 표현으로, 영어에도 비슷한 뜻의 속담이 있다. "개를 흔드는 꼬리It is the tail wagging the dog"라는 속담이다. 개가 머리의 지시를 통해 꼬리를 흔드는 게 정상인데, 도리어

꼬리가 개의 몸통을 흔든다는 표현이다. 경제학에서는 이 속담을 줄여서 왝더독wag the dog이라고 부른다.

소비에서 왝더독 현상을 종종 목격할 수 있다. 한때 "에어팟 케이스 때문에 에어팟을 살까 고민 중" 또는 "결국 나는 에어팟 케이스 때문에 에어팟을 샀다" 같은 글이 SNS에 많이 올라왔다. 농담이 아니다. 실제로 이런 일이 비일비재했다. 이처럼 물건 자체가 아닌 부속품이나 사은품 때문에 비싼 값을 치르는 소비 행태가 왝더독이 아니고 무엇이겠는가.

자신이 좋아하는 가수나 동물 캐릭터의 스티커를 받기 위해서 물건을 사는 행위도 왝더독이다. 사은품이 탐나서 고가의 전자제품을 구입하고 나서는 정작 그 제품을 잘 사용하지 않는 사람도 많다. 연말이면 특정 카페의 다이어리를 받기 위해서 비싼 가격의 특정 커피를 여러 잔 마시는 사람들도 왝더독에서 자유로울 수 없다.

이번에는 고양이다. '살찐 고양이fat cat'라는 말을 들어본 적이 있는가. 이 말 역시 단순히 진짜 비만인 고양이를 부르는 말이 아니라 경제 용어다.

원래는 정치학에서 거액의 정치 자금을 기부하고 특권을 누리는 사람들을 지칭하는 말이었다. 그러다가 경제학에서 이를 인용하기 시작했다. 노동자들이 저임금으로 힘들어하는데도 아

랑곳하지 않고 부당한 특권을 누리는 기업가를 살찐 고양이에 비유한다. 회사가 부실해져서 노동자들은 임금을 받지 못하거나 삭감당하는 와중에, 경영 실패에 대한 책임을 지기는커녕 고액의 퇴직금을 받는 일부 최고경영자가 그 대표적인 사례다.

주식 시장을 좌우하는 황소와 곰

우리나라 증권 시장을 총괄하는 한국거래소 앞에는 황소 조형물이 있다. 어디 한국거래소뿐이랴. 증권 회사는 회사의 상징 동물로 황소를 즐겨 택한다. 여의도에 위치한 한국금융투자협회 건물 앞에도 커다란 황소 조형물이 설치되어 있다.

우리나라에서만 황소가 인기인가? 아니다. 미국, 아니 전 세계 금융의 중심지인 뉴욕 맨해튼의 월가에 가도 커다란 황소 조형물을 발견할 수 있다. 이 황소상은 주식 투자자가 아닌 관광객에게도 매우 유명해, 늘 사진을 찍으려는 사람들로 붐빈다. 독일 프랑크푸르트, 중국 상하이, 인도 뭄바이 거래소에도 황소 상징물이 설치되어 있다.

주식 시장에서 황소가 인기 있는 이유는 사람들이 황소가 주가 강세를 상징한다고 생각하기 때문이다. 어쩌다 황소가 주가 상승의 상징이 되었을까. 여러 가설이 존재하는데, 싸울 때 모습에서 그 기원을 찾는 가설이 가장 보편적이다. 황소는 싸울 때 뿔을 아래에서 위로 치받는다. 주가 그래프가 상승하는 모습과 흡사하다. 그래서 주가가 오르기를 기원하는 차원에서 황소를 상징 조형물로 삼게 되었다는 것이다. 주가가 오르는, 즉 강세를 보이는 시장을 '강세장'이라고 하는데, 영어로는 '불 마켓bull market'이라고 한다. 직역하면 '황소장'이다.

주가가 오르면 내리기도 하는 법. 주가가 내려가는 상태를 상징하는 동물도 있다. 이번에는 곰이다. 역시 싸우는 모습과 무관하지 않다. 곰은 상대방을 공격할 때 큰 덩치를 앞세워 앞발을 위에서 아래로 내리친다. 주가가 하락하는 모습과 같다. 그래서 주가가 하락하는 '약세장'을 '베어마켓bear market' 또는 '곰장'이라고 부른다.

대부분의 국가에서는 황소가 곰을 이기는 강세장을 기원하는 취지에서 황소만 설치한다. 독일은 이런 점에서 이채롭다. 프랑크푸르트 증권거래소 앞에서는 황소와 곰 조형물이 마주보고 있다. 곰이 황소를 이기는 약세장도 엄연히 존재하며, 황소와 곰의 줄다리기에 의해 주가가 오르락내리락하는 현실을 정확히 반영했다 하겠다.

금리 인상은 새가 결정

이번에는 새와 관련된 용어다. 각국의 중앙은행에서 통화 정책을 결정하는 위원들은 저마다 생각이 다르고 성향도 다르다. 어떤 위원은 금리를 내리는 것을 선호하고 어떤 위원은 이에 반대한다. 경제학에서는 이들을 성향에 따라서 비둘기와 매에 비유한다. 특히 미국 중앙은행인 연방준비제도에서 금리를 결정하는 위치에 있는 위원들의 성향을 나타낼 때 자주 사용한다.

매는 비둘기보다 공격성이 강하다. 그래서 물가 안정을 강조하면서 강경하게 금리 인상을 지지하는(또는 금리 인하를 반대하는) 사람들을 매파the hawks라고 부른다. 금리를 인상하려면 통화량을 긴축해야 하므로 경기에 찬물을 끼얹은 셈이다. 한마디로 매파 경제학자들은 물가 안정을 매우 중시한다. 인플레이션이라는 말만 들어도 자다가 벌떡 일어날 사람들이다. 이들은 인플레이션 조짐이 조금이라도 보이면 바로 통화 긴축을 통한 금리 인상 카드를 제시하곤 한다.

반면에 통화량 공급 확대를 통해 적극적으로 금리를 인하하고, 경기를 부양해야 한다고 주장하는 사람들을 비둘기파the doves라고 부른다. 이들은 경기 활성화를 최우선으로 여긴다. 물가 안정도 중요하지만, 경제가 성장하지 않으면 무슨 소용이냐는 것이다. 따라서 물가가 다소 불안해지더라도 금리를 내려 경기를 활성화하는 정책이 바람직하다는 것이 비둘기파의 입장이다.

매파도 비둘기파도 아닌 중립적 성향의 사람들도 있다. 이들은 올빼미파the owls다.

매파와 비둘기파 역시 정치 분야에서 먼저 쓰인 용어들이다. 외국에 대한 강경책을 주장하는 정치 세력을 매파라고 부른다. 반면에 외교적인 노력으로 평화적 해결을 주장하는 정치 집단이 비둘기파다.

네가 하면 나도 하는 펭귄

펭귄 효과penguin effect도 있다. 펭귄은 무리를 지어 생활한다. 먹잇감을 잡으려면 바다에 뛰어들어야 하지만 바다에는 천적이 도사리고 있어 목숨이 위태롭다. 그런데 펭귄은 다들 바다에 들어가기를 주저할 때 한 마리가 뛰어들면 나머지도 따라서 뛰어드는 습성이 있다. 여기에서 처음 뛰어드는 펭귄을 퍼스트 펭귄first penguin이라고 부른다. 경제학에서는 위험한 여건에서 용기를 내어 먼저 도전하여 다른 사람들의 참여 동기를 유발하는 선구자를 뜻하는 말이다.

소비자들은 신제품을 선뜻 구매하지 않고 망설인다. 신제품이 고가의 상품이라면 더욱 그렇다. 이때 기업은 소비자의 구매 욕구를 자극하려고 펭귄 효과를 활용하는 마케팅 전략을 구사한다. 드라마 속 PPL이나 SNS를 통해 연예인이 해당 제품을 사용하는 모습을 보여준다. 이 모습을 본 사람들은 소비 심리가 자극되어 제품을 구입하기 시작한다.

스마트폰 사전 예약제 역시 펭귄 효과의 사례라 할 수 있다. 고가의 스마트폰이 출시되면 처음에는 누구나 구입을 망설인다. 기존 스마트폰보다 얼마나 성능이 개선되었는지, 값어치를 제대로 하는지 확신할 수 없기 때문이다. 이를 잘 아는 기업은 사전 예약제를 실시한다. 많은 소비자가 사전 예약을 하고 있다는 뉴스와, 매장 앞에 늘어선 구매 행렬을 보여주려는 시도다. 이는 망설이는 잠재 고객들을 소비 대열로 이끌어내는 효과가 있다.

백로와 백조

동물 용어 가운데 소비와 관련한 것이 하나 더 있다. 다른 사람과 다름을 드러내기 위해 소비를 하는 현상을 스노브 효과라고 하는데, 이와 유사한 뜻으로 백로 효과라는 말이 쓰인다. 백로 하면 우아함, 고상함 등의 이미지가 떠오른다. 여러 새들 가운데 단연 하얀색이 돋보인다. 그래서 대중적인 상품은 좋아하지 않고 차별화를 위해 색다르고 희귀한 상품을 선호하는 소비 행태를 백로 효과라고 칭하기도 한다.

블랙 스완 효과black swan effect란 것도 있다. 스완은 우리말로 백조로, 말 그대로 하얀색이다. 백조밖에 보지 못했던 사람들은 흑조, 즉 블랙 스완은 존재하지 않는다고 믿었다. 그런데 17세기 호주에서 흑조가 발견되면서 이 믿음이 잘못됐음이 드러났다.

이와 같이 발생 가능성이 매우 희박하지만 실제로 일어날 수 있으며, 발생하면 경제에 커다란 영향을 미치게 되는 사건을 경제학자들은 블랙 스완이라고 부른다. 예를 들어 미국 본토에서 9·11 테러 같은 사건이 발생할 수 있다고 생각한 사람은 아무도 없었다. 그러나 2001년 뉴욕 세계무역센터 쌍둥이 빌딩이 비행기 충돌로 붕괴되었고, 세계 경제는 엄청난 충격에 휩싸였다. 전형적인 블랙 스완 효과다.

코뿔소와 젖소까지 동원한 경제 용어

몇 개만 더 알아보자. 코뿔소는 덩치가 커서 달리면 땅이 흔들린다. 그래서 코뿔소가 달려온다는 사실은 누구나 쉽게 인지할 수 있다. 코뿔소와 부딪치면 목숨이 위태로워진다는 사실도 잘 안다. 이처럼 쉽게 예상할 수 있고 위험성도 큰 경제 요인을 회색 코뿔소gray rhino라고 부른다. 회색 코뿔소가 달려올 때처럼, 미리 대비하고 회피할 기회가 있지만 이를 무시하거나 어물거리다 결국은 경제가 커다란 위험에 빠지는 어리석음을 경계하는 말이다. 앞서 말한 블랙 스완과 대비를 이루는 경제 용어다.

우리나라에도 여러 마리의 회색 코뿔소가 도사리고 있다. 나랏빛(국가 채무), 부동산 가격 거품, 가계 부채 등이 회색 코뿔소에 해당한다.

나랏빚이 과도하게 많아지면 또는 나라 살림을 방만하게 운영하면 국가 경제에 심각한 재앙을 초래한다는 사실은 누구나 인지하고 있다. 서양의 여러 국가가 이미 이러한 고충을 겪었다. 그럼에도 회색 코뿔소를 소홀히 생각하고 눈앞의 목적만을 위해 나라 살림을 엉망으로 하고 곳간을 활짝 연다면 회색 코뿔소의 희생양이 될 우려가 있다.

현금을 뜻하는 '캐시'와 젖소를 뜻하는 '카우'가 합쳐진 캐시카우cash cow도 있다.

젖소는 목장 주인에게 떼돈은 아니더라도 꾸준하게 현금 수입을 가져다준다. 기업에게도 이와 같은 상품이 있을 수 있다. 성장성이 그리 높지 않지만 기업에게 지속적으로 수익을 가져다주는 제품이나 산업을 부를 때 캐시카우라고 한다. 캐시카우는 오랜 기간 명성이 쌓인 덕분에 새롭게 투자해야 할 자금이 많이 필요하지 않으면서도, 기업에 안정적으로 돈을 벌어다 준다. 더욱이 성장성이 높지 않아서 다른 기업들이 경쟁자로 참여할 가능성도 낮다. 기업에게는 효자 역할을 톡톡히 한다.

물고기도 등장

마지막으로 물고기도 있다. 수조에 청어를 넣고 운반할 때, 신선도를 유지하고 오래 살도록 하는 방법이 있다. 메기 한 마리를 넣는 것이다. 그러면 물고기들이 메기에 잡아먹히지 않으려고 이리저리 피해 다니느라 활발하게 움직이기 때문이란다. 이것이 '메기 효과catfish effect'다.

기업에도 메기 효과가 작동한다. 별다른 경쟁자가 없는 독점기업 앞에는 영원히 꽃길만 펼쳐질 것 같다. 하지만 독점 기업이 예상외로 부실해지는 경우가 있다. 시장에 막강한 경쟁자가 없어서 경영을 태만히 하고 혁신 노력을 게을리한 탓이다.

메기 효과에 대한 반론도 만만치 않다. 청어를 운반하는 과정에서 메기를 넣은 사례가 실제로는 없다고 하는가 하면, 폐쇄된 수조에 메기를 넣으면 물고기가 잡아먹혀서 얻는 피해가 더 크다고 주장하기도 한다.

하지만 메기 효과가 주는 교훈은 분명하다. 잘나가는 기업이라고 안주해서는 안 된다. 강력한 경쟁자가 등장해 기존 기업을 망하게 할 수도 있지만, 적당한 자극은 오히려 기업의 장기 성장에 도움이 된다.

2부

경제학자의 눈으로
세상을 보는
연습

경제가 꼬리에 꼬리를 물게 된 사연

모든 것은 모든 것에 잇닿아 있다

지금으로부터 30여 년 전 세상을 떠난 아르헨티나의 위대한 시인이자 소설가 보르헤스는 말했다.

"모든 것은 모든 것에 잇닿아 있다."

누군가 노스님에게 묻는다.

"나무가 무엇입니까?"

스님은 대답한다.

"뿌리를 내리고 있는 땅도 나무요, 나뭇가지를 춤추게 하는 바람도 나무요, 나뭇잎을 푸르게 물들이는 저 태양 빛도 나무요, 나무를 촉촉하게 적시는 비도 나무이니라."

정말 세상 모든 것은 나머지 모든 것과 잇닿아 있는 듯하다.

굳이 SNS의 원리를 설명하지 않아도, 굳이 거미줄처럼 정교하게 얽힌 지식의 네트워크를 설명하지 않아도, 세상 만물이 서로 잇닿아 영향을 주고받는 것을 분명하게 알아볼 수 있다. 이 자명한 우주의 진리는 경제학에도 그대로 적용된다.

공장은 상품을 만드는 과정에서 악취를 배출한다. 항공사는 여행자들을 실어 나르기 위해 비행기를 이착륙시키는 과정에서 소음 공해를 일으킨다. 출퇴근길 도로 위의 무수히 많은 자동차에서 발생한 미세먼지는 공기 질을 떨어뜨린다.

이처럼 어느 한 경제 주체의 행동이 스스로의 의도와는 무관하게 다른 경제 주체에게 영향을 미치는 경우가 있다. 이러한 현상을 경제학에서는 외부 효과external effect 또는 외부성 externalities이라고 한다.

외부 효과는 경제 원리의 작동을 방해한다. 한 경제 주체가 다른 경제 주체에게 미치는 영향이 시장과 가격을 통해 적절하게 보상되거나 거래되지 않기 때문이다.

공장이나 항공사는 악취나 소음을 발생시키지만, 이로 인해 주민이 받는 피해를 자발적으로 보상해주지 않는다. 자가용 운전자가 행인들에게 미세먼지를 배출해 미안하다며 차에서 내려 일일이 피해를 보상해줄 수도 없는 노릇이다.

그래서 외부 효과가 존재하는 경우에는 자원이 효율적으로 배분되지 못한다. 자원을 효율적으로 배분한다는 것이 시장이 내세우는 가장 커다란 장점인데, 그 장점이 사라지는 심각한 현상이다. 시장이 자원을 효율적으로 배분하지 못하는 상태를 시장 실패market failure라고 표현한다. 외부 효과는 시장 실패 현상의 한 요인이 된다.

외부 효과 그리고 정부의 개입

앞에서 제시한 외부 효과의 예들은 한 경제 주체의 행위가 다른 경제 주체에게 나쁜 영향을 미쳤다는 공통점을 지닌다. 그렇다면 다른 경제 주체에게 좋은 영향을 끼치는 경우는 없을 까? 물론 있다.

이웃집 할아버지가 틈만 나면 정원과 집 주위에 꽃을 심고 나무를 보살핀다. 이로 인해 동네 주민들은 아름다운 꽃을 감 상할 수 있고, 시원한 그늘 밑에서 쉴 수도 있다. 이처럼 한 경 제 주체의 행위가 다른 경제 주체에게 좋은 영향을 미치기도 하는데, 이 역시 다른 경제 주체에게 영향을 미쳤다는 점에서 외부 효과에 속한다.

　경제학에서는 나쁜 영향을 미치는 경우를 '외부 불경제', 좋은 영향을 미치는 경우를 '외부 경제'라는 이름을 붙여 구별한다. 그리고 그 영향이 긍정적이든 부정적이든, 외부 효과가 발생하면 자원이 효율적으로 배분되지 못한다. 이 문제를 해결하기 위해 나서는 곳이 있으니, 짐작하는 대로 정부다.

세금의 탁월한 효과

　오염 물질을 배출하는 기업을 예로 들어보자. 기업은 생산 활동을 하면서 이웃 주민들에게 피해를 주지만, 자발적으로 그에 대한 보상을 해주지 않는다. 보상을 하면 이윤이 줄어들기 때문이다.

이때 정부가 개입해 기업에게 적절한 피해 보상을 하도록 법으로 강제한다. 예를 들어 공해배출세 또는 환경오염세 같은 세금을 도입해 기업에 부과한다.

이제 기업의 생산 비용이 늘어난 세금만큼 증가한다. 기업은 생산 비용이 오른 재화의 생산량을 줄이게 된다. 그러면 배출되는 공해도 덩달아 줄어든다.

물론 정부가 이러한 세금을 부과한다고 해서 기업이 생산을 완전히 중단하지는 않는다. 재화 생산을 중단하는 일은 경제학적 측면에서도 바람직하지 않은 선택이다. 그 재화를 필요로 하는 소비자들이 있기 때문이다. 다만 정부는 세금을 통해 기업이 '적절한' 수준으로, 경제학 용어를 빌리면 '사회적으로 최적' 수준으로 생산량을 줄이도록 유도하는 것이다.

담배를 피우면 자신의 건강만 해치지 않는다. 간접흡연으로 애꿎은 다른 사람의 건강까지 위협한다. 흡연자가 늘어날수록 흡연 관련 질병이 증가해 의료 시설에 추가 투자가 필요해지고, 진료비가 늘어나 건강보험 재정이 악화된다. 흡연자 역시 외부 불경제를 초래하는 것이다. 따라서 정부는 담배에 많은 세금을 부과해 담배 소비를 억제하고 있다.

보조금, 외부 경제를 장려하다

경제학적으로는 다른 사람에게 피해를 주는 외부 불경제뿐만 아니라 다른 사람에게 이득을 주는 외부 경제도 문제가 된다. 외부 경제의 경우에는 행위자가 다른 사람에게 미치는 '이득'을 고려하지 않아서 사회적으로 바람직한 수준보다 오히려 '적게' 소비하거나 생산한다는 차이점이 있다. 이런 행위를 더 많이 하면 할수록 더 좋은 결과가 기다린다.

이 경우에 정보는 보조금을 준다. 외부 경제를 창출하는 행동을 장려하고, 소비나 생산을 사회적으로 최적 수준으로 늘리도록 유도하기 위해서다.

서울시는 빌딩 옥상에 꽃과 나무를 심어 정원으로 꾸미는 옥상 녹화 사업을 하는 건물주에게 설계·공사 비용의 최대 70퍼센트까지 지원하는 정책을 채택했다. 빌딩 옥상에 녹지 공간이 생기면 도시 경관이 개선되고 도심 열섬 현상이 완화되어 이웃 주민들까지 혜택을 누릴 수 있다. 그래서 보조금을 주어 옥상 녹화 사업을 더 많이 하도록 유도하는 것이다. 외부 경제 현상을 개선해서 시장 실패 문제를 해결하려는 정책이다.

공부를 잘하는 것은 본인에게도 좋지만 사회와 국가 발전에도 기여한다. 학생이 공부를 더욱 열심히 하고 사회에 좋은 영향을 더 많이 미치도록 유도하기 위해 지급하는 보조금이 바로 장학금이다.

정부마저 실패하면 어떻게 하지?

시장의 보이지 않는 손이 제 역할을 수행하지 못해 시장 실패가 발생하는 경우, 정부가 상황을 바로잡기 위해 다양한 방법으로 시장에 개입한다. 그렇지만 정부의 개입이 언제나 시장 실패를 치유할 수 있다고 기대해서는 안 된다.

정부 역시 완전하지 못해 시장 실패를 제대로 치유하지 못하거나, 심지어는 무리한 개입이나 적절하지 못한 대응으로 상황을 악화시키는 경우도 있다. 이러한 현상을 시장 실패에 빗대어 '정부 실패 government failure'라고 한다.

이런 이유 때문에 시장이 실패하면 당연히 정부가 개입해야 하는지의 문제를 놓고 논란이 많다. 경제학자들 사이에서도 끊임없는 토론 주제 중 하나다. 정부가 실패할 가능성과 그로 인한 피해를 고려할 때, 차라리 시장 실패를 그대로 받아들이고 시장 스스로 문제를 해결하기를 기다리는 편이 낫지 않겠느냐는 주장도 설득력을 갖는다.

어느 주장이 맞는지에 대해서는 이 책에서 결론을 내릴 수 없다. 한 가지 분명한 사실은 정부의 시장 개입이 만능은 아니라는 것이다. 개입하더라도 시장 기능의 활성화에 초점을 두는 정책이 시행되어야 한다.

스스로
해결할 수 있단 말이야

정부가 꼭 개입해야 하나?

"으악!"

손에 받아 든 성적표를 보니 절로 소리를 지르게 된다. 성적이 또 떨어졌다.

이를 본 엄마의 반응도 이젠 익숙하다.

"혼자서도 잘할 수 있다는 네 말만 믿고 기다렸는데, 이 모양이니? 안 되겠어. 학원 다녀라."

학생의 반응 역시 자동적이다.

"학원 간다고 다 성적이 오르면 공부 못하는 학생 없겠네?"

물론 학생의 말이 옳을 수도 있다. 학원에 가는 것이 성적 향상을 위한 유일한 길은 아니다. 스스로 공부법을 개선하거나 인터넷 강의를 듣는 것도 방법이다.

경제학에서도 이와 유사한 대립 상황이 있다. 한편에서는 시장이 실패하면 정부가 나서서 문제를 해결해야 한다고 주장한다. 다른 한편에서는 시장이 실패한다고 꼭 정부가 개입해야 하느냐며 정부 개입을 반대한다. 정부가 시장 실패를 성공적으로 해결한 사례가 있는지 반문하기도 한다.

외부 효과 문제에 한해서도, 꼭 정부가 해결할 필요는 없다고 주장하는 경제학자들이 있다. 그들은 외부 효과 당사자끼리 협상을 통해 문제를 원만하게 해결할 수 있다고 믿으며, 이를 뒷받침하는 이론을 제시한다. 대표적인 사람이 로널드 코스 Ronald Coase 라는 경제학자다. 그는 이 업적으로 노벨 경제학상을 받았다.

노벨 경제학상을 받은 학자의 주장을 우리가 어떻게 배울 수 있냐고? 지레 겁먹지 말자. 그의 논리는 누구나 쉽게 수긍할 수 있을 정도로 단순하고 명쾌하다.

당사자끼리 해결할 방법

고철로 물건을 만들어 파는 기업이 있다. 문제는 외부 불경제다. 고철을 두드리는 소리에 이웃 주민들이 고통을 받는다. 장사가 잘되어서인지 작년부터는 밤늦게까지 작업을 한다. 낮에 하는 작업은 그럭저럭 넘어갔는데, 야간작업을 시작하면서 주민들의 불평이 여기저기서 터져 나왔다. 소음 때문에 주민들은 열대야에도 창문을 닫고 있어야 한다. 스트레스가 이만저만이 아니다.

이 기업은 시장에서 소비자들이 원하는 물건을 만들어 파는 건전한 생산 활동을 한다. 기업과 노동자가 먹고살기 위해 꼭 필요한 일이다. 그러니 무조건 작업을 중단하라고 요구할 수도 없다. 그렇다고 주민들에게 무조건 참아야 한다고 설득할 일도 아니다.

기업은 자유로이 생산 활동을 할 권리를 지닌다. 주민들은 밤에 편안히 잘 권리가 있다. 어느 쪽 권리도 쉽게 포기할 수 있는 성질의 것이 아니다. 법에 호소하더라도 쉽게 해결이 나지 않는다. 솔로몬일지언정 판결을 내리기 힘들다.

결국 경제학자가 나선다. 우리의 냉철하고 현명한 경제학자는 오랫동안 고민한 끝에 무릎을 쳤다.

그는 기업이 생산 활동을 통해 얻는 이득을 조사했다. 야간 작업을 하면서 얻는 이득이 한 달에 300만 원이었다. 이번에는 주민들에게 물어보았다. 겪고 있는 고통을 돈으로 환산하면 어느 정도가 되느냐고. 주민들의 대답은 500만 원쯤이었다.

경제학자는 주민들을 만나 제안을 하나 했다.

"기업에게 야간작업을 중지하는 대가로 400만 원을 준다고 하세요."

기업은 야간작업을 중단하면 300만 원의 이득을 포기해야 하지만, 대가로 주민들로부터 400만 원을 보상받는다. 결국 100만 원 이득이다. 주민들은 400만 원을 지급하지만 편안히 잠을 잘 수 있어서 500만 원의 혜택을 누릴 수 있다. 역시 100만 원 이득이다.

기업과 주민들은 협상 테이블에서 원만하게 합의를 했고, 다음 날부터 주민들은 창문을 열고 시원한 밤바람을 맞으면서 잠을 청할 수 있게 되었다. 양쪽 모두 만족할 수 있는 효율적인 결과가 나타났다.

물론 꼭 400만 원일 필요는 없다. 주민들이 제시하는 금액이 300만 원에서 500만 원 사이라면 협상이 타결될 수 있다.

이것이 코스가 주장한 이론의 골자다. 외부 불경제가 발생해 자원이 비효율적으로 사용될 때, 시장에서 당사자들끼리 협

상을 통해 스스로 문제를 해결하고 효율적인 결과를 얻을 수 있다는 주장이다. 이 협상에 정부가 개입할 필요는 없다. 정부 개입 없이 외부 효과 문제를 해결할 가능성을 보여주었다는 점에서 그의 이론은 노벨상감이었다.

코스의 주장이 실현되려면

코스의 주장이 타당하기는 하지만 현실은 이처럼 단순하지만은 않아, 당사자들이 스스로 문제를 해결하지 못하는 경우가 많다. 우선 기업이 야간작업에서 얻는 이득이 주민들의 피해 규모보다 클 수도 있다. 만약 기업이 야간작업으로 1000만 원의 이득을 얻는다면 주민들이 최대 500만 원을 지불하겠다고 하더라도 이 제안을 받아들이지 않을 것이다. 어느 기업이 500만 원을 받는 대가로 1000만 원을 포기하겠는가.

협상이 원만하게 이루어진다는 전제도 현실과 다를 수 있다. 실제로 이런 문제를 가지고 협상을 시작하면 합의에 도달하기까지 지루한 줄다리기가 이어진다. 앞의 예에서 협상이 타결될 수 있는 보상 금액은 300만 원에서 500만 원 사이다. 이 사이에서 가능하면 적게 보상하려는 주민과 가능하면 많이 보상받으려는 기업이 치열하게 밀고 당길 것이다.

주민 개개인의 의견이 달라 기업에게 보상금을 주는 것 자체를 반대하는 사람들도 나올 수 있다. 주민의 수가 많아질수록 협상이 어려워진다. 다행히 협상이 타결되더라도 계약을 체결하려면 변호사가 필요하다. 협상에 비용이 많이 든다면 효율적인 결과라 보기 힘들다.

얌체들의 경제학?
거부할 수 없는 무임승차 유혹!

공공재엔 뭔가 특별한 게 있다

우리가 갖고 있고 소비하는 재화나 서비스는 거의 대부분 사유재private goods다. 그래서 사유재에 대해서는 특별한 말이 필요 없다.

우리가 소비하고는 있지만 사유재와는 좀 다른 독특한 특성을 지닌 것이 있다. 공공재public goods라는 재화다. 깊은 밤에 거리를 밝혀주는 가로등, 외국의 침략을 막아주는 국방, 안전을 지켜주는 경찰, 홍수를 방지하고 전기를 제공해주는 댐 등이 이에 해당한다.

공공재는 시장에서 가격의 원리에 의해 거래가 이루어지지 않는다. 여러 업체를 비교해 상품을 선택할 수도 없다. 기본적으로 민간기업이 공급하기 어렵다.

그렇다면 구체적으로 공공재는 사유재와 어떻게 다를까? 왜 민간기업이 공공재를 생산해서 돈을 벌려고 하지 않을까? 공공재와 사유재 사이에는 두 가지 중요한 차이가 있다.

공공재엔 라이벌이 없다

첫째, 사유재는 '경합적rival'이지만, 공공재는 '비경합적non-rival'이다.

사유재를 보자. 재화 소비량이 늘어나면 남아 있는 재화의 양이 그만큼 줄어든다. 인기 아이돌의 상품이 나오면 먼저 사려는 사람들로 매장 앞이 장사진을 이룬다. 앞사람이 구매를 하는 순간 나머지 고객들이 살 수 있는 상품의 양이 줄어든다. 동이 나서 살 수 없게 되기도 한다.

기차표를 산 사람이 많아질수록 다른 사람이 이용할 수 있는 좌석 수가 줄어든다. 그래서 명절 귀성표를 사려는 사람들 사이에는 서로 먼저 표를 차지하려는 욕구와 경쟁심이 생긴다. 이런 것이 사유재의 첫 번째 특성인 '경합성'이다. 사유재를 소유하기 위해서 소비자들이 서로 경쟁자 관계에 놓이고 경합을 벌이게 된다는 뜻이다.

사유재를 소유하려고 다투는 곳이 시장이다. 소비자들은 힘이 아니라 가격이라는 도구를 통해 다툰다. 가격을 지불할 능력과 의향이 있는 소비자에게 사유재가 배분된다. 이것이 시장 경제의 원리다.

공공재는 다르다. 한 사람이 소비하고 있더라도 나머지 사람들이 소비할 수 있는 양에는 변함이 없다.

국방 서비스를 생각해보자. 우리 모두는 지금 이 순간에도 국방 서비스를 소비하고 있다. 외국에 사는 교포들도 고국 땅을 밟는 순간, 대한민국의 국방 서비스를 소비하기 시작한다. 이들이 국방 서비스를 추가로 소비한다고 해서 우리가 소비하는 국방 서비스의 양이 줄어드는가? 아니다. 많은 사람이 동시에 소비해도 지장이 없다.

이런 것이 공공재의 '비경합성'이다. 나와 다른 사람들이 소비에 있어 라이벌이 아니다. 소비자들끼리 공공재를 놓고 치열하게 경합할 필요가 없다.

가로등도 공공재에 해당한다. 혼자 사용하다가 여럿이 사용한다고 길을 찾는 데 별 지장을 받지 않는다. 함께 소비할 수 있다.

공공재엔 공짜 이용 기회가 있다

둘째, 사유재는 '배제적exclusive'이지만, 공공재는 '비배제적 non-exclusive'이다. 이건 또 무슨 소리인가.

사유재를 얻으려면 가격을 지불해야 한다. 음악을 들으려면, 떡볶이를 먹으려면 돈을 내야 한다. 사유재는 소비에 대한 대가를 지불하지 않은 사람을 소비하지 못하도록 배제할 수 있다. 그래서 사유재에는 배제성이 있다.

공공재는 다르다. 어떤 사람이 소비에 대한 대가를 지불하지 않더라도, 그 사람이 공공재를 소비하지 못하도록 막기 힘들다. 이런 특성이 비배제성 또는 비배타성이다.

비배제성을 이해하기 위해서 다시 국방 서비스를 생각해보자. 만약 정부가 국방 서비스를 소비하는 모든 국민에게 대가를 지불하도록 새로운 정책을 도입했다고 하자. 이때 누군가 이러한 정책에 불만을 표시하면서 국방 서비스에 대한 대가를 지불하지 않는다. 정부는 이 사람이 국방 서비스를 소비하지 못하도록 막을 수 있을까? 불가능하다. 어떤 처벌을 가하더라도, 설령 유치장에 가두더라도 그는 여전히 국방 서비스를 소비 중이다. 이게 비배제성이다.

공짜면 양잿물도 마신다는데

결국 이 사람은 공짜로, 돈을 내지 않고서도 국방 서비스를 소비한다. 이러한 사실이 알려지면서 대가를 지불해온 사람들은 괜히 억울해지고, 대가를 지불하는 것이 손해라는 생각이 든다. 그리고 그 가운데 일부 역시 공짜로 국방 서비스를 누리려고 한다. 날이 가고 해가 갈수록 점차 대가를 지불하지 않는 사람들이 늘어난다.

이른바 '무임승차자free rider'가 늘어나는 것이다. 이런 식으

로 대가를 지불하지 않은 채 재화를 소비하는 사람들이 존재하는 현상을 무임승차자 문제라고 부른다. 얌체 같긴 하지만, 달리 어떤 조치를 취할 수도 없다.

닭이 먼저일까, 달걀이 먼저일까?

흔히 인과 관계를 따지기 어려운 문제를 두고 '닭이 먼저냐, 달걀이 먼저냐'라고 말한다. 경제학에서도 이와 같은 문제가 있다. 정부가 생산해서 공공재일까, 공공재이기 때문에 정부가 생산하는 걸까. 과연 어떤 인과 관계가 좀 더 합당할까? 눈치 빠른 사람들은 이미 지금까지의 설명으로부터 답을 찾아냈을 것이다.

무임승차자 문제가 발생하는 공공재를 정부가 아닌 기업이 생산하도록 한다면 어떻게 될까? 사람들은 공공재를 소비하면서도 대가는 지불하지 않으려고 한다. 결국 기업은 공공재 생산에 필요한 생산비를 조달하지 못해 파산에 이른다. 이는 기업이 기본적으로 비배제성을 지니는 공공재를 생산하기 어렵다는 의미다. 국민에게 반드시 필요한 공공재 시장이 유지되지 못하는 것이다. 이 역시 앞에서 이야기했던 시장 실패에 해당하는 현상이다.

하지만 공공재를 누군가는 생산해야 한다. 정부가 공공재 생산에 개입할 수밖에 없는 순간이다. 정부는 공공재를 직접 생산하여 공급한다. 정부가 생산해서 공공재가 아니라, 공공재이기 때문에 정부가 생산하는 것이다.

여기서 잠깐. 누군가 이런 의문을 제기한다. "기업이 공공재 생산 비용을 충당하지 못해 파산하는 것처럼, 정부도 공공재 생산 비용을 충당하지 못하는 것은 마찬가지 아닐까?" 정부가 생산한다고 비배제성이라는 특성이 달라지는 것은 아니니 말이다.

다시 미궁 속으로 빠지는 것 같지만 곧 의문이 풀린다. 정부도 공공재 생산에 필요한 비용을 직접 국민으로부터 조달하기 힘들다. 그러나 정부에게는 세금이라는 강력한 무기가 있다. 정부는 국방 서비스 대가를 국민에게 청구하지 않고, 세금을 거두어 국방 예산을 편성하고 국방 서비스를 생산한다.

정부가 생산하는 사유재

교육은 사유재인가 아니면 공공재인가?

교육은 기본적으로 사용 대가를 지불하지 않은 사람들을 소비하지 못하게끔 할 수 있다는 점에서 배제적이다. 수업료를 내지 않으면 수업을 듣지 못한다. 뿐만 아니라 교육을 받는 사람들이 많아지면 학생당 소비량이 감소할 수 있다는 점에서 경합적이다. 한 교실에 학생 수백 명이 수업을 듣고 있다고 생각해보라. 그래서 교육은 사유재의 성격을 지닌다.

그러나 교육이 사유재의 성격을 지닌다고 정부가 모든 교육을 시장에 맡긴다면 어떤 현상이 발생할까? 가난한 사람들은 교육에 대한 대가를 지불할 능력이 없어 교육을 받지 못한다. 인간으로서 누려야 할 최소한의 삶의 수준을 유지할 수 없게 된다.

그래서 정부는 의무교육이나 국공립학교 운영 등을 통해 공적으로 교육을 공급한다. 이처럼 사유재의 성격을 지닌 재화임에도 불구하고 정부가 생산을 담당하고 공급하는 재화도 있다. 이런 것을 '가치재'라고 부른다.

교육이나 의료처럼 모든 국민에게 최소한의 혜택이 돌아가게끔 할 만한 가치가 있다고 판단될 경우, 정부는 그 재화를 직접 공급한다. 정부가 생산하는 재화는 무조건 공공재라고 생각하는 것은 편견이다.

민간이 생산하는 공공재

　반대로 공공재이지만 민간기업이 생산하는 경우도 있다. 방송은 비경합적이고 비배제적이므로 공공재다. 그러나 방송 서비스를 생산하는 기업이 많다.

　그런데 방금 전에 공공재는 민간기업이 생산하지 못한다고 하지 않았던가? 어떻게 이들 기업은 무임승차가 가능한, 비배제적인 방송 서비스를 생산할 수 있을까?

　방송의 경우는 다른 분야의 산업과 구별되는 점이 있다. 바로 광고다. 시청자에게 직접 대가를 받지 않더라도 방송을 생산하는 데 필요한 비용을 조달하는 다른 수입원이 있는 것이다.

공공재의 변신은 무죄?

　경합성과 배제성, 비경합성과 비배제성이라는 특징은 사유재와 공공재를 구분하는 유용한 도구다. 그러나 모든 재화의 특징이 이런 식으로 쌍을 이루지는 않는다. 원래는 공공재였지만 인구가 많아지면서, 또는 경제 규모가 커지면서 한 가지 특징을 잃어버리는 재화들이 등장하기 시작한 것이다.

　문을 열고 몇 분만 걸어 나가면 이처럼 신기한 재화를 만날

수 있다. 무엇일까?

바로, 자동차 도로다!

시내 도로는 요금을 내지 않아도 누구나 이용할 수 있어서 비배제적이다. 교통량이 적으면 운전자들끼리 사이좋게 도로를 달릴 수 있어 비경합적이기도 하다. 그러나 인구 증가에 따라 교통량이 많아지면서 교통 혼잡이 발생하면 달라진다. 혼잡한 시내 도로에서는 차량이 한 대 더 진입하면 기존에 진입해 있던 차량이 시내 도로를 소비할 수 있는 가능성이 감소한다. 어느 순간 비경합성을 잃어버리고 경합적으로 변하는 것이다. 이렇듯 혼잡한 시내 도로는 경합성과 비배제성을 동시에 지닌다.

비배제성을 잃어버린 재화도 있다. 고속도로다! 고속도로를 이용하려면 누구나 통행료를 내야 한다. 그래서 고속도로는 배제적이다.

지리산 반달곰이
불행에 빠진 날

경제학자의 특별한 대답

동물원 반달곰이 행복할까, 지리산 반달곰이 행복할까?

답이 뻔한 것 같지만, 누구에게 물어보느냐에 따라 달라진다. 생태학자나 동물학자에게 물어보면 당연히 야생 상태의 반달곰이 더 행복하다고 대답할 것이다.

똑같은 질문을 경제학자에게 던져보자. 경제학자는 잠시 생각할 것이다. 이 사람이 무엇 때문에 내게 이런 질문을 하는 걸까 하고. 그리고 경제학자는 이렇게 대답할 것이다.

"동물원의 반달곰이 더 행복하지요."

대답만 놓고 보면 동물을 사랑하지 않는 것처럼 보일지 모른다. 경제학자에게 수많은 악플이 달릴 것이다. 침착해질 필요가 있다. 오히려 동물을 사랑하기에 이런 대답을 한 것이다. 무슨 소리냐고? 여기에도 중요한 경제 원리가 작동한다.

우리 주변에서 보이는 물건은 대부분 사유재산이다. 물건에 대한 재산권이 형성되어 물건마다 주인이 있다. 시장 경제 체제에서 살고 있기 때문이다.

하지만 사유재산권이 없는 것들도 있다. 우리 모두가 공동으로 소유하는 공유자원(또는 공유재산)이 그렇다. 설악산은 누구의 것이라 말할 수 있을까? 아름다운 바다는? 봉이 김선달 이야기가 유명했던 것은 공유자원인 대동강 물을 자신의 것인 양 팔았기 때문이다.

나는 네가 공유자원에 대해 한 일을 알고 있다

공유자원은 서러움을 많이 겪는다.

공기나 강물은 쉽게 오염된다. 도토리 줍고 산나물 캐던 뒷산이 황폐해진다. 바다의 어류가 남획된다. 명태는 우리나라에서 씨가 마르고 말았다.

왜 공유자원이 이런 고초를 겪을까? 무슨 죄가 있어서? 사유재산권이 없다는 이유 하나 때문이다. '무주공산'이기 때문에 너도 나도 공유자원을 먼저 그리고 많이 차지하려고 한다. 아끼고 보호하려는 노력에는 소홀하다.

사람들은 자기 소유인 것은 애지중지한다. 조그만 자투리 땅이라도 자기 것이라면 씨앗을 뿌리고 물과 거름을 준다. 예쁜 꽃과 콩이라도 자라면 애착은 더욱 커진다. 아마 한 해 두 해 지나면 그 조그만 땅에 울타리가 설치되어 있을지도 모른다. 커다란 푯말에 '주인백'이라는 글자와 함께 '이곳에 오물을 투기하지 마시오', '꽃을 꺾지 마시오', '콩을 따 가지 마시오' 등 경고문들이 쓰여 있을 것이다.

그러나 사람들은 공유자원에 대해서는 이런 동기를 가지지 않는다. 물론 공유자원을 아껴야 한다는 원칙론에는 모두 공감한다. 하지만 실천은 다른 문제다.

소나 돼지는 대부분 식용을 위해 존재하고 매일 수십만 마리가 도축되지만 지금껏 멸종 위험에 놓여 있다는 얘기를 들어본 적이 없다. 반면 호랑이나 곰은 식용도 아닌데 멸종 위기에 처해 있다. 왜 이런 차이가 날까?

농장주들은 자신이 키우는 소나 돼지나 닭을 보호하기 위해서 울타리를 치고 온갖 영양 요소가 포함된 사료와 물을 시간 맞춰 준다. 병에 걸리지 말라고 예방주사도 놓는다.

그러나 공유자원인 곰에 대해서는 이런 노력을 하지 않는다. 불법 사냥꾼들이 서로 먼저 잡으려고 올가미를 마구 설치한다. 그리고 멸종 위기에 처한다.

이처럼 공유자원이 적절하게 보호를 받지 못하고 과도하게 사용되는 현상을 '공유자원의 비극'이라고 한다.

나만 손해 보는 건 아닐까?

고래가 멸종 위기에 처한 것도 공유자원의 비극에 해당한다. 아무나 잡는 사람이 임자이므로 너도나도 고래를 잡기 시작했다. 이러다가는 고래가 멸종될 수도 있다는 걱정을 어부들 역시 했을 것이다. 그러나 그런 생각에 고래를 잡지 않으면, 잡지 않는 사람만 손해였다. 다들 고래를 잡는데 나만 잡지 않는다고 뭐가 달라질까 싶었을 것이다. 결국 어부들은 계속해서 고래를 잡았고, 고래 수는 급감했다.

우리나라는 멸종 위기에 놓인 반달곰을 살리고 보존하기 위해 노력하고 있다. 정성 들여 반달곰을 사육해 지리산에 풀어주고 야생에서의 생존을 돕는다. 반달곰의 몸에 추적 장치를 부착해 녀석들이 어디로 이동하는지, 잘 살고 있는지 지켜보고 있다.

　　반달곰은 산속에서 살아야 행복하다. 생태학자와 마찬가지로 경제학자도 그렇게 생각한다. 그러나 동물원에 있는 반달곰은 사유재산이지만, 산속에 풀어주는 순간 공유자원이 된다. 그 순간 반달곰을 노리는 불법 사냥꾼들이 기웃거리기 시작한다. 그래서 경제학자는 '동물원 반달곰이 더 행복하다'에 손을 드는 것이다.

지리산 반달곰이 환하게 웃을 수 있을까?

공유자원의 비극을 해결할 방안은 없을까?

그 원인이 사유재산권이 없어서라면, "사유재산권을 부여하면 되지?" 같은 반응이 나올 법하다. 예컨대 자기 것이 아니어서 공기를 과도하게 오염시킨다면, 공기에 사유재산권을 부여하면 되지 않을까?

만약 공기에 사유재산권을 부여할 수 있어 집 주변의 공기가 내 것이 된다면, 사람들은 자신의 공기를 깨끗하게 보전하려고 최선을 다할 것이다. 그러나 현실적으로 끊임없이 움직이는 공기에 사유재산권을 부여할 도리가 없다. 내 공기란 존재할 수 없다. 우리의 공기일 뿐이다.

내가 공기를 오염시키지 않더라도 그 혜택이 나에게만 돌아오는 것이 아니다. 모든 사람에게 아주 조금씩 눈에 띄지 않을 정도로 돌아간다. 공기를 오염시키지 않기 위해 들이는 노력에 비해 돌아오는 혜택은 미미하므로 공기를 깨끗하게 보존하려는 동기가 약하다.

현실적인 방안으로 정부의 규제가 있다. 한강에 오폐수를 흘려보내는 기업을 적발해 처벌하고, 공기 오염 물질을 배출하는 공장을 단속한다. 또는 어부가 잡을 수 있는 수산물의 양과 크기, 포획 시기를 제한한다. 이런 규제를 하는 것이 하지 않는 것보다는 훨씬 낫지만, 규제가 완벽한 해결책은 아니다. 정부가 모든 사람의 행위를 24시간 감시할 수는 없다.

언제쯤이면 공유자원의 비극이 사라지는 날이 올까. 지리산 반달곰이 진정 환하게 웃는 그날을 그저 기다릴 수밖에 없는 것일까.

우리 모두가 공유자원을 자신의 것처럼 여기고 최대한 아끼고 보호하려는 노력을 기울인다면 더 바랄 게 없다. "강물, 공기, 바다의 생선이 다 내 재산이다"라고 생각하는 순간 천하를 소유한 세계 최고의 부자가 된다. 얼마나 행복한가.

소유권이 부여된 아프리카코끼리

경제학자들의 집요함은 실로 놀랍다. 멸종 위기에 처한 코끼리를 구하기 위해 사유재산권 부여라는 아이디어를 마침내 실행하였다. 코끼리가 멸종 위기에 처한 것도 역시 공유자원의 비극 때문이다. 불법 사냥꾼들이 상아를 노리고 마구잡이로 코끼리를 사냥했다. 각국은 코끼리 사냥을 법으로 금지하고 순찰을 강화했다. 상아 수출도 금지하고 환경보호단체까지 나서서 코끼리 보호를 외쳤지만 불법 사냥을 막기에 역부족이었다.

정부는 지역 주민들에게 불법 사냥꾼을 보면 신고하여 단속할 수 있게 도와달라고 요청했지만 그들에게는 그럴 동기가 별로 없었다. 귀찮은 일이었다. 오히려 작물을 망치는 코끼리를 잡는 사냥꾼을 고맙게 여길 정도였다. 우리나라에서 애써 가꾼 농작물을 망치거나 도시의 아파트 단지까지 침투한 멧돼지 소식을 접하다 보면 아프리카 주민들의 심정을 충분히 이해하고도 남는다.

UN국제연합이 이 문제 해결에 적극 나섰고 사유재산권 아이디어를 제시했다. 보츠와나, 나미비아, 남아프리카공화국, 짐바브웨는 코끼리 사냥 허가증 제도를 도입하고 상아를 거래할 수 있도록 했다. 상아를 합법적으로 거래하게 허용하다니. 대단한 반전이다. 단, 이 허가증은 각 마을과 지역의 공원 당국에게 주어졌다. 코끼리 개체 수를 늘리는 데 성공한 마을과 공원에는 더 많은 허가증을 부여하는 인센티브 제도도 도입했다.

결과는 놀라웠다. 허가증을 보유하게 된 마을 주민들과 공원 당국은 코끼리를 보호하는 데 필사적인 노력을 기울이기 시작했다. 그들에게 불법 사냥꾼은 자신들의 재산을 빼앗는 강도였다. 마을의 모든 주민이 코끼리 불법 사냥을 감시하는 자치경찰 역할을 자발적으로 했다. 마침내 불법 사냥이 급격히 줄어들었고 코끼리 개체 수가 크게 늘어났다.

헷갈리는 공유자원과 공공재

공유자원과 공공재는 비슷하면서도 차이가 있다. 이 둘을 구분하는 좋은 기준은 앞에서 이야기한 경합성과 배제성이다. 공공재는 비경합적이면서 비배제적이다. 공유자원은 어떨까?

우선 공공재와 마찬가지로 비배제적이다. 누구나 대가를 지불하지 않고 공기를 마시거나 산의 풍경을 즐길 수 있다. 하지만 공유자원은 공공재와 달리 경합적이다. 일부가 공유자원을 소비하기 시작하면 다른 사람의 소비 가능성이 줄어든다.

무인도에 낙오한 몇 사람이 있다고 하자. 우연히 라면 한 봉지가 발견되었다. 이 라면은 그 순간 공유자원이 된다. 대가를 지불할 필요 없이 먹을 수 있다. 하지만 라면 하나로 모든 사람의 허기를 충분히 채우기는 어렵다. 첫 번째 사람이 3분의 1을 먹으면 나머지가 먹을 수 있는 양은 3분의 2가 된다. 만약 절반을 먹으면 나머지에게는 반밖에 남지 않는다. 첫 번째 사람이 다 먹어치우면 나머지는 라면 냄새만 맡으며 굶어야 한다. 공유자원의 경합성이란 이런 것이다.

경제학자들이
풍선껌을 싫어하는 이유

가격이 실제 가치보다 비정상적으로 높을 때

1970~1980년대 일본 경제는 승승장구 그 자체였다. 양질의 일제 상품을 수출해서 엄청난 흑자를 기록했으며 막대한 달러를 비축했다. 일본 국민의 소득이 급증했다. 일본인들은 이러한 경제력을 바탕으로 땅과 주식을 마구 사들이기 시작했다. 그 결과 일본의 땅값과 주가가 3배나 뛰었다. 땅값이 얼마나 비쌌던지, 당시 일본 땅값을 모두 합하면 미국 땅 전체를 사고도 남는다는 통계가 발표될 정도였다.

땅값과 주가는 연일 신기록을 경신하며 치솟았다. 내려갈

기미는 전혀 보이지 않았다. 일본인들은 본업보다 돈을 빌려 땅이나 주식을 사 재산을 쌓는 데 열중했다. 그러나 누가 보아도 당시 일본의 땅값과 주가는 실제 가치보다 훨씬 높은, '비정상' 수준이었다. 이런 현상을 경제학에서는 버블bubble 또는 우리말로 거품이라고 부른다.

욕조에 입욕제를 풀면 거품이 금세 부풀어 오른다. 맥주를 유리잔에 따르면 거품으로 금방 잔이 넘치지만 실제 맥주의 양은 얼마 되지 않는다. 바로 이런 상태에 빗대어 경제학자들은 가격이 물건의 '실제 가치'보다 비정상적으로 높을 때 버블이라고 말한다.

버블은 언젠가는 사라지기 마련

경제학자들이 이런 현상을 버블이라고 부르는 또 하나의 중요한 이유가 있다. 거품은 언젠가는 사라진다는 변치 않는 진리 때문이다. 욕조의 거품도, 맥주잔의 거품도 시간이 지나면 사라진다. 경제에서의 거품도 언젠가는 꺼진다. 시간문제일 뿐이다.

일본 경제에서 버블은 1990년에 들어서 훅 하고 사라졌다. 버블이 꺼지자 일본 경제는 후유증으로 장장 20년 동안 불황이라는 암흑의 터널을 지나야 했다. 얼마나 긴 고통의 시간이었는지 일본 사람들은 이 시기를 일컬어 '잃어버린 20년'이라고 칭한다.

경제에 버블이 발생하는 것은 사람들이 어떤 상품에 투기를 한 결과다. 투기는 상품 가격 상승을 초래하고, 이는 또 다른 투기를 낳으며 악순환을 반복한다. 그리고 상승하던 가격이 어느 시점에 더 이상 감당하기 어려운 수준에 도달하면 마침내 버블이 붕괴되고 상품 가격이 폭락한다.

네덜란드의 튤립 버블

버블은 비단 현대인만의 욕심에서 기인하는 현상이 아니다. 역사적으로 다양한 버블이 이곳저곳에서 반복해서 나타났다.

역사적으로 가장 흥미로운 버블은 네덜란드에서 찾아볼 수 있다. 놀랍게도 투기의 대상이 튤립이었다. 16세기 중반 유럽에 소개된 튤립은 특히 네덜란드에서 큰 인기를 끌었다. 네덜란드 중산층은 튤립을 정원에 심어놓는 것을 부의 상징으로 여겼다.

당시 네덜란드는 유럽의 중심지로서 경제가 활발하게 성장했다. 경제적으로 여유가 있는 네덜란드인들이 앞다투어 튤립을 사기 시작했고, 가격이 급등했다. 1636년에는 튤립 알뿌리 하나가 현재 우리나라 최고급 승용차 한 대 정도의 가격에 거래되었다고 한다.

사람들의 투기 심리는 합리적으로 설명하기 어렵다. 한번 생겨나면 걷잡을 수 없다. 전문가들이 말리고 버블 붕괴의 위험을 경고해도 좀처럼 사그라지지 않는다. 큰돈을 벌 수 있다는 유혹은 사람의 이성을 마비시킨다.

튤립 버블은 마침내 1637년에 터지고 말았다. 튤립을 이처럼 높은 가격에 거래할 수 없다는 인식이 순식간에 퍼지기 시작한 결과다. 갑자기 상황이 역전되어 너도나도 튤립을 파는데 혈안이 되었다. 하지만 이제는 사려는 사람이 자취를 감추어버렸다. 버블이 붕괴되자 튤립에 투기를 했던 많은 사람이 재산을 날리고 파산했다.

미시시피 버블부터 20세기 닷컴 버블에 이르기까지

네덜란드가 경험한 버블 비극은 그 이후 세계 곳곳에서 재연되었다.

영국 정부는 남해회사The South Sea Company에 남미를 상대로 독점무역을 할 수 있는 권리를 부여했다. 독점무역권을 가졌으니 이익이 많을 것이라는 기대감이 부풀면서, 이 회사의 주식에 대한 투기가 시작되었다.

1720년 1월에 128파운드였던 남해회사 주가는 8월에 1000파운드로 올랐다. 6개월 남짓한 기간에 무려 9배나 상승한 것이다. 이 버블 역시 오래가지 않았다. 주가가 붕괴하기 시작했고, 9월 말에는 150파운드로 떨어지고 말았다. 주가의 폭락과 함께 투자자들의 신세도 나락으로 떨어졌다.

최근의 예로는 20세기 말에 불었던 인터넷 기업 열풍을 들 수 있다. 정보통신 기술의 발달에 힘입어 이른바 닷컴 기업 또는 인터넷 관련 기업의 주가가 폭등했지만, 2000년부터 기대감이 사라지면서 주식 시장의 붕괴를 경험해야 했다.

우리나라에서도 이와 유사한 인터넷 버블이 있었다. 1999년부터 시작된 벤처 열풍으로 벤처 기업들의 주가가 폭등하고 코스닥 시장에 불이 붙었다. 벤처의 위험성은 따지지도 않고 코스닥 시장이 무엇인지도 모른 채, 벤처 기업의 주식에 '묻지마' 투자하는 사람들이 늘어났다. 하지만 벤처 기업들의 부진한 실적과 허실이 드러나면서 버블이 꺼졌다. 한탕을 노리던 사람들이 큰 손해를 보았으며, 1997년의 경제 위기에서 벗어나려고 몸부림치던 사람들은 또 한 차례 좌절을 겪어야 했다.

세상에서 가장 미운 거품

우리가 버블을 막아야 하는 이유는 명백하다. 자원은 한정적이므로 가장 생산적인 곳에 투입되어야 효율성이 높아진다. 그러나 투기와 버블이 발생하면 사람들은 자원을 비생산적인 곳, 즉 부동산 투기나 주식 투기에 활용한다. 국가 전체적으로 보았을 때 생산성이 떨어질 수밖에 없다.

또한 버블은 사람들의 재산이나 부를 일순간에 날려버린다. 투기를 하다 재산을 날린 사람들을 보고 강 건너 불구경하듯 "자업자득이지", "욕심이 과했다" 하면서 혀를 찰 수도 있다. 하지만 경제는 그리 단순하지 않다. 일부 사람들의 재산이 사라지면 경제 전체의 소비가 위축되고 경기가 악화된다. 즉, 재산 탕진은 투기 당사자의 문제로 끝나지 않는다. 투기와는 전혀 관계가 없었던 일반 국민의 살림살이까지 덩달아 어렵게 만든다.

인간의 무모한 욕심에 대한 심판

버블은 근본적으로 인간의 무리한 욕심에서 기인한다. 모든 사람이 욕심을 자제한다면, 석가모니의 말씀처럼 스스로 만족할 줄 알고 탐내지 않는다면, 투기나 버블은 발생하지 않으리라.

　모든 재화에는 '실제 가치'가 있다. 재화의 거래 가격은 실제 가치를 웃돌게 되면 다시 실제 가치로 회귀하려는 속성이 있다. 실제 가치를 크게 벗어나는 수준으로 가격이 급등하는 기회를 틈타 불로소득을 얻으려는 욕심쟁이가 많을 때, 이에 대해 경고하고 처벌하는 것이 버블이다. 자신이 보유한 자원을 비생산적인 곳에 사용하는 우를 범하지 말고, 경제의 기본 원리에 따라 가장 생산적인 곳에 사용하라는 시장의 준엄한 심판인 셈이다.

허리가 날씬해서
문제야 문제!

칭찬받은 종, 꾸지람받은 종

'무릇 있는 자는 받아 풍족하게 되고, 없는 자는 그 있는 것까지 빼앗기리라.'

성경 마태복음 25장에 나오는 구절이다. 한 주인이 종 셋에게 각기 달란트를 주었는데, 달리 투자를 하지 않고 달란트를 땅에 묻어두기만 한 종을 나무라는 대목이다.

예수는 사람들을 일깨우기 위해 여러 가지 흥미로운 비유를 들었다. 여기서 나오는 달란트 비유도 그 가운데 하나다. 자신에게 주어진 책임을 각자의 능력에 따라 부지런히 완수해야 함을 강조하는 것이리라. 이를 얼마나 중요하게 생각했는지 마태복음 13장 12절, 마가복음 4장 25절, 누가복음 8장 18절에서도 거의 같은 구절이 반복된다.

경제 이야기를 하다가 뜬금없이 성경 공부를 하자는 이유는? 이 구절이 경제학에서도 가끔 인용되고 있어서다. 가진 자는 더 가져서 더 넉넉해지고, 가난한 자는 가진 것마저 빼앗겨 더 가난해진다는 이 구절은 자본주의 세계에서 벌어지고 있는 부익부 빈익빈 현상 또는 양극화 현상을 정확히 예고한 듯해서 섬뜩하기까지 하다.

물론 예수가 경제 원리를 설명하기 위해 언급한 구절은 아니다. 그럴 의도는 없었지만 결과적으로 경제 현상과 딱 들어맞았을 뿐이다. 그래서 이러한 현상을 '마태 효과Matthew effect'라고 부르고 있다. 지식이나 교육의 격차, 정보력 격차, 나아가 선진국과 후진국의 격차에 이르기까지 여러 분야에서 마태 효과가 나타난다.

모래시계보다 다이아몬드가 좋다

양극화는 우리나라 경제가 직면한 큰 고민거리 중 하나다. 중간 계층이 줄어들고 양극단으로 사회 계층이 쏠리고 있다.

왜 우리나라에서 양극화 현상이 지속되고 있을까? 많은 사람이 세계화, 개방화, 경쟁화가 한몫을 한다는 데 입을 모은다.

사실 세계화, 개방화, 경쟁화는 우리의 선택이 아니었다. 세계 경제의 흐름이었다. 마치 자연 재해를 피할 수 없듯, 장마와 태풍을 피할 수 없듯, 시장 개방과 경쟁 심화라는 외세의 바람이 우리 경제에 엄습했다.

그 피해는 냉혹했다. 가히 태풍급이었다. 무한 경쟁에서 살아남은 자는 날개를 달고 엄청난 보상을 얻었지만, 경쟁에서 탈락한 자는 처절하게 추락했다. 점차 중간층은 위축되고 아래

완.벽.해

와 위가 커지는 모래시계 모양의 구조가 형성되고 있다.

허리의 중요성은 새삼 말할 필요가 없다. 허리가 약하면 일상생활을 하기 힘들 정도로 불편하다. 축구에서도 미드필더가 튼튼해야 경기를 주도하고 승리할 수 있다.

경제 구조도 그렇다. 허리가 탄탄한 다이아몬드형 구조가 되어야 경제가 건강하게 성장한다. 심해지는 양극화는 치명적인 바이러스처럼 지금까지 우리가 일궈온 것들을 송두리째 앗아갈지도 모른다.

대기업과 중소기업의 양극화

우리나라 여러 부문에 걸쳐 양극화 현상이 보편적으로 나타나고 있다. 기업 역시 현대 자본주의 경제와 무한 경쟁 시대에 재빨리 적응하지 않으면 생존하기 어렵다.

기업마다 적응의 속도와 능력에 차이가 있다. IMF국제통화기금 경제 위기 이후, 경쟁이 심화되자 전반적으로 중소기업보다는 대기업이 신속하고 효과적으로 적응했다. 그렇게 살아남는 법을 터득한 대기업은 사상 최대의 수출 실적과 영업 실적을 기록하면서 그 결실을 누렸다.

이에 비해 중소기업은 어려움을 겪어왔다. 더 심각한 것은 영세 자영업자들이다. 이들의 수익성은 하루가 멀다 하고 악화되고 있다.

이러한 사실은 통계 수치를 통해 쉽게 확인된다. 이 기간 동안 측정한 생산성 증가율을 보면 중소기업은 대기업의 절반에도 미치지 못한다.

그런데 기업 전체 통계를 볼 때는 중소기업의 어려움이 잘 드러나지 않는 경우가 많다. 전체에서 대기업이 큰 비중을 차지하고 중소기업은 비중이 작기 때문에, 대기업의 좋은 실적이 중소기업의 부진을 압도해버리는 것이다.

정규직 노동자 vs 비정규직 노동자

갈수록 일자리를 구하기 힘든 것이 사실이다. 운이 좋아서 일자리를 구했다 하더라도 이번에는 일자리의 성격이 문제다. 기업은 정규직보다는 비정규직 형태로 노동자를 채용하기를 원한다. 인건비를 절약할 수 있고 필요에 따라 해고하기가 비교적 쉽기 때문이다. 그래서 우리 경제에 비정규직 노동자가 크게 증가했다.

비정규직 노동자는 정규직 노동자와 같은 일을 하더라도 임금을 적게 받는다. 몇 년 뒤에 정규직으로 전환된다는 보장도 없다. 시간이 흐를수록 정규직과 비정규직 사이의 소득 격차가 벌어진다. 한 기업 안에서 소득과 노동 조건이 차이 나는 노동자들이 함께 지내면서 갈등이 발생하기도 한다. 이런 상황에서 생산성이 높아지기를 기대하는 것은 무리다.

고소득층 vs 저소득층

경제 위기가 모든 사람을 어렵게 했지만 어려움의 정도는 사람마다 달랐다. 저소득층이 겪은 어려움을 생각하면 고소득층은 어려웠다고 말하기가 겸연쩍을 정도다. 고소득층 중에서 경제 위기마저 기회로 활용하면서 소득이 더 증가한 사람도 많다. 이에 비해 저소득층은 경제 위기의 충격을 고스란히 받았다. 이 역시 우리나라의 소득 분배를 더욱 불균등하게 악화시킨 요인이다.

불균등한 소득 분배를 논할 때 자주 인용하는 지표가 '5분위 배율'이다. 우리나라 가구를 소득이 적은 가구부터 많은 가구 순서대로 정렬한 후, 크게 5개 그룹으로 나눈다. 이제 상위 20퍼센트(5분위 계층)의 평균 소득을 하위 20퍼센트(1분위 계층)의 평균 소득으로 나누면 5분위 배율을 구할 수 있다.

$$5\text{분위 배율} = \frac{\text{상위 20퍼센트의 평균 소득}}{\text{하위 20퍼센트의 평균 소득}}$$

결국 5분위 배율은 상위 20퍼센트의 평균 소득이 하위 20퍼센트의 평균 소득보다 몇 배나 많은지를 보여준다. 5분위 배율이 클수록 빈부 격차가 크다는 것을 의미한다.

우리나라 가구를 대상으로 조사한 5분위 배율은 5.47(2018년 말 기준)이다. 5분위 계층의 소득이 1분위 계층의 소득보다 평균 5.47배 많다는 뜻이다. 생계비에 미달하는 소득으로 근근이 살아가는 사람들이 많은 반면, 틈만 나면 해외에서 골프를 즐기는 사람들로 공항이 붐빈다. 외제 고급 승용차는 경기 침체라는 말이 무색할 정도로 잘 팔린다. 동네 음식점은 파리를 날리는데, 한 끼에 10만 원이 넘는 고급 음식점은 대기를 해야 들어갈 수 있다.

개천에서 용이 나야 한다

한 나라 안에서 소득이 얼마나 균등하게 분배되고 있는지를 판단할 때 5분위 배율보다 더 많이 언급하는 지표가 있다. 지니 계수Gini coefficient다. 이탈리아 통계학자인 코라도 지니

Corrado Gini라는 사람이 개발했다.

여기에서 지니 계수를 구하는 방법을 말하지는 않겠다. 공식에 의해 지니 계수는 0에서 1 사이의 값을 갖는다. 소득 분배가 불평등해지면 지니 계수가 커진다. 만약에 소득 분배가 완전히 균등하여 모든 사람이 동일한 소득을 가지면 지니 계수는 0이다. 반대로 소득 분배가 완전히 불평등하여 한 사람이 한 나라의 소득을 독차지하면 지니 계수는 1이다. 당연히 현실은 이처럼 극단적이지 않다.

우리나라의 지니 계수는 어느 정도일까? 2016년의 경우, 세금을 내기 전의 총소득으로 지니 계수를 산출하니 0.353이었다. 세금을 낸 후의 처분 가능 소득으로 산출했을 때는 0.304였다. 소득이 많을수록 세금을 더 많이 내기 때문에 소득 격차가 줄어드는 것이다. 이를 통해 우리는 누진세의 소득 재분배 효과를 확인할 수 있다.

그렇다면 우리나라가 다른 나라에 비해 소득 불평등이 심한 걸까? 자고 일어나면 소득 불평등 관련 뉴스가 들려오는 점을 고려하면 무척 심각한 수준일 것이라는 짐작이 앞설지도 모른다. 하지만 OECD경제협력개발기구 통계를 보면 그렇지 않다. 우리나라의 지니 계수는 회원국들 가운데 중간 정도에 해당한다.

그렇다고 안심해도 좋다는 뜻은 아니다. 말 그대로 중간이다. 더불어 지니 계수가 미처 나타내지 못하는 불평등 문제도 엄연히 존재한다. 한 가지 사례로, 계층 간 이동 가능성이 과거에 비해 현저하게 감소했다. 금수저니 흙수저니 하는 말이 나온 배경에는 이러한 현상이 깔려 있다.

과거에는 '개천에서 용 난다'라는 말이 언론에 자주 등장했다. 가난한 집에서 태어났지만 자수성가한 사람들을 두고 하는 말이다. 안타깝게도 지금은 이런 말을 듣기가 어려워졌다. 부모의 소득이나 재산이 자식 세대까지 좌우하는 현상이 점차 두드러지고 있다.

부와 가난이 세습되어, 가난하게 태어나면 평생을 가난의 굴레에서 벗어나기 힘든 사회는 지속 가능하지 못하다.

3부

뉴스와 신문이
술술 읽히는
경제 이슈

고용 없는 성장

내 일이 없으면
내일이 없다

경제 성장은 일자리 창출

재화나 서비스를 생산하려면 노동자, 기계나 장비, 공장 부지 등이 필요하다. 이런 것들을 생산에 필요한 요소, 즉 '생산요소'라고 한다. 기업마다 필요로 하는 생산요소는 제각각이다. 이들 생산요소를 경제학에서는 세 가지로 범주화한다. 노동, 자본, 토지다. 위의 예에서 노동자는 노동에, 기계나 장비는 자본에, 공장 부지는 토지에 해당한다.

기업은 생산을 늘리려면 생산요소를 더 많이 사용해야 한다. 그러므로 '생산 확대=경제 성장=고용 창출'의 등식이 자연스럽게 성립한다. 이 등식에 따르면 고용을 늘리기 위해서 정부는 경제 성장이라는 목표를 추구하면 된다. 경제가 성장하면 고용은 자동적으로 늘어나니까. 그런데 과연 그럴까?

변하지 않으면 경제가 아니지

최근 이 등식 관계가 느슨해지고 있다. 경제가 성장해도 고용이 늘어나지 않는다. 이를 '고용 없는 성장'이라고 표현한다.

'고용 없는'이라고는 하지만 경제 성장에도 불구하고 일자리 창출이 0이라는 뜻은 아니다. 과거와 비교할 때 늘어나는 일자리 수가 줄어드는 탓에 '고용 없는'이라며 경고하는 것이다.

고용 없는 성장 현상이 왜 발생할까? 그 원인을 생각하기 전에, 정말로 우리나라에서 고용 없는 성장이 나타나고 있는지부터 알아보자. 이를 확인하려면 취업 계수라는 통계를 살펴볼 필요가 있다. 취업 계수는 생산 활동에 참가한 취업자 수를 실질 GDP국내총생산로 나눈 값이다. 이때 단위는 10억 원으로, GDP 10억 원당 취업자가 몇 명 필요했는지를 계산한다.

$$취업\ 계수 = \frac{취업자\ 수}{실질\ GDP\ (단위:\ 10억\ 원)}$$

2000년만 해도 우리나라의 취업 계수는 25.8이었다. GDP 10억 원을 생산하는 데 25.8명의 취업자가 필요했다는 뜻이다. 그러던 것이 2017년에는 그 수치가 17.2명으로 줄어들었다. 그 사이에 약 8명의 취업자가 불필요해진 것이다. 매우 빠른 속도로 고용 없는 성장 현상이 진행되고 있음이 자명하다.

일자리를 빼앗는 자동화

경제가 성장하더라도 늘어나는 고용의 크기가 점점 줄어드는 마당에 우리나라는 경제 성장률마저 뚝뚝 떨어지는 실정이

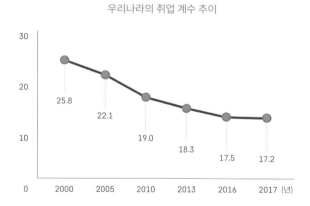

우리나라의 취업 계수 추이

다. "내 일이 없으면 내일이 없다"는 말이 있다. 띄어쓰기 하나로 일자리의 중요성을 강조한 의미심장한 말이다. 일자리는 한 사람의 소득의 원천이자 자아실현의 수단이다. 이처럼 중요한 일자리가 점점 희소해지고 있다.

물론 우리나라만의 문제가 아니다. 많은 국가가 고용 없는 성장으로 어려움을 겪는다. 왜 이런 현상이 범세계적으로 진행되고 있을까? 여러 가지 요인이 복합적으로 작용한 결과이겠지만, 전문가들은 그중에서도 기술 발전과 자동화를 주범으로 꼽는 데 주저하지 않는다.

무한 경쟁에서 이겨야 하는 기업은 생산비를 줄이는 데 사활을 건다. 기술 수준이 높지 않던 시절에는 자동화 시설을 갖추는 데 필요한 비용이 인건비보다 훨씬 비쌌지만, 기술 발전에 힘입어 자동화 시설을 설치하는 부담이 크게 줄었다. 반면에 인건비는 지속적으로 오른다. 이에 기업들은 고육지책으로 노동자 대신에 자동화 시설을 받아들이고 있다.

이는 비단 대규모 공장에서만 벌어지고 있는 현상이 아니다. 우리가 자주 이용하는 패스트푸드 식당만 봐도 알 수 있다. 이제 문을 열고 들어가 "어서 오세요"라는 다정다감한 인사를 듣는 일이 드물어졌다. 대신 무표정한 기계들이 장승처럼 떡하니 가로막고 있다. 무인자동화 기기 키오스크kiosk다. 직원을 내보내고 기기 한 대를 설치하면 몇 달 안에 본전을 뽑으니, 가게 주인을 탓하기도 어렵다.

노래방, 스터디카페, 영화관, 세탁소 등 업종을 가리지 않고 무인자동화 기기가 빠르게 확산되고 있다. 그만큼 사람의 일자리는 줄어든다. 사회운동가 제러미 리프킨Jeremy Rifkin은 《노동의 종말》에서 "세계는 노동자 없는 경제로 진입하고 있다"고 진단했다.

자동화 설비의 보급은 앞으로도 이어질 게 분명하다. 정보통신 산업의 발전은 이러한 흐름에 불을 붙이고 있다. 정보통신 산업은 그 자체로도 일자리 창출에 긍정적이지 않다. 기본적으로 많은 노동력을 필요로 하지 않는 산업이기 때문이다. 소수의 고급 기술을 지닌 사람들에 의해 대량생산이 이루어지는 특징을 지닌 정보통신 산업은 고용 창출 효과가 그리 크지 않다. 반면에 전통적으로 우리나라에서 고용 창출 효과가 컸던 건설업, 자동차 산업, 조선업 등은 현재 국제 경쟁력을 잃어가고 있다.

일자리 빅뱅을 예고하는 4차 산업혁명

최근 4차 산업혁명까지 이에 가세했다. 오른쪽, 왼쪽 가리지 않고 뺨을 계속 때리는 셈이다.

'4차'라는 말이 붙는다는 것은 이전에 여러 차례 산업혁명이 있었다는 뜻이다. 역사책에 나오는 산업혁명은 18세기부터 영국에서 이루어졌던 기술과 생산 공정의 혁신을 말한다. 증기 기관의 발명으로 대표되는 기술 혁신은 노동이 아니라 기계를 통한 생산을 실현했고, 생산성을 높이는 데 크게 기여했다. 이것이 1차 산업혁명이다.

뒤를 이어 19~20세기에 미국이 주도한 대량생산 혁명이 2차 산업혁명이다. 전기를 발명하고 컨베이어 벨트 등을 이용하

는 조립 생산 방법으로 생산성이 다시 한번 크게 높아졌다.

3차 산업혁명은 IT 디지털 혁명을 말한다. 컴퓨터와 인터넷의 보급, 디지털 기술 및 지식정보에 의한 혁명이다.

그리고 현재 진행되고 있는 4차 산업혁명은 AI, 빅데이터, 로봇 공학, 사물 인터넷, 무인 운송수단 등의 분야에서 이루어지고 있는 기술 혁신으로 대변된다. 빅데이터를 통해 물리적, 생물학적, 디지털적 세계를 통합하는 융합 기술이라는 점에서 이전 산업혁명과 차별화된다.

WEF세계경제포럼은 기업인, 경제학자, 정치인 등 다양한 분야의 전문가들이 모여 토론하고 연구하는 국제민간회의다. 이 국제회의는 2016년에 4차 산업혁명 시대의 일자리에 대한 보고서를 통해, 향후 5년간 주요 15개국에서 일자리 710만 개가 사라질 것이라고 전망했다. 반면에 4차 산업혁명 덕분에 새로 생겨나는 일자리는 210만 개에 불과하리라고 봤다. 결국 500만 개의 일자리가 감소하는 셈이다.

인간의 지적 능력에 도전하는 인공지능의 보편화가 인간의 일자리를 얼마나 빨리, 그리고 얼마나 많이 대체할지에 대해서는 의견이 분분하다. 하지만 일자리를 상당 부분 빼앗을 것이라는 데에는 어느 누구도 토를 달지 않는다.

특히 단순 작업을 반복하는 분야에서의 일자리 감소가 두

드러질 것이다. 예를 들어 자율주행차가 대세가 되는 순간 화물차 운전자는 실업자 신세가 될 수 있다. 인공지능이나 로봇은 휴가를 가지 않으며 잠도 자지 않고 24시간 운전할 수 있다. 불평도 없다. 기업이 이러한 흐름을 거부할 리 만무하다.

전문직 일자리는 8퍼센트 정도가 대체되지만, 저숙련 노동자는 79퍼센트가 대체될 것이라는 전망도 나온다. 국내 한 경제 연구소는 인공지능에 의해 대체될 확률이 가장 높은 직업으로 텔레마케터를 꼽으며 그 가능성을 99퍼센트까지 보았다. 확률 99퍼센트는 사실상 확실함을 의미한다. 비서라는 직업이 대체될 확률도 87퍼센트로 매우 높았다.

이처럼 청년 실업 문제로 시름을 앓고 있는 우리나라 경제

1차 산업혁명에서 4차 산업혁명까지

1차 산업혁명
(18세기)

증기기관 기반의
기계화 혁명

2차 산업혁명
(19~20세기 초반)

전기 에너지 기반의
대량생산 혁명

3차 산업혁명
(20세기 후반)

컴퓨터와 인터넷
기반의
지식정보 혁명

4차 산업혁명
(21세기 초반~)

빅데이터, AI,
IoT 등의
정보기술 기반의
초연결 혁명

에 4차 산업혁명이 암울한 그림자를 드리우고 있다.

내일은 내일의 해가 뜬다

'경제 성장→고용 확대→소득 증가→소비 증대→생산 증가→경제 성장'과 같이 경제가 선순환하는 것이 바람직하다. 고용 없는 성장은 이러한 선순환의 연결 고리를 끊어버린다. 그렇다고 해서 우리가 자동화, 정보통신 산업, 4차 산업혁명을 거부할 수는 없다. 세계적인 흐름이다. 거슬러서도 안 된다.

그렇다고 너무 두려워하지 말자. 고용 없는 성장과 생산성 향상은 동전의 양면이다. GDP 10억 원을 만들어내는 데 필요한 취업자 수가 감소한다는 것은 달리 이야기하면 노동의 생산성이 높아진다는 뜻이다. 생산성 향상은 결코 나쁜 일이 아니다.

새로 도입되는 기계와 기술을 잘 활용하여 노동의 생산성을 높이면서, 관련 산업과 새로운 산업을 지속적으로 개척해온 것이 인류의 역사다. 이를 통해서 인간은 경제 발전을 이룩해왔다.

18세기에 영국에서 산업혁명이 시작되고 방적기 덕분에 면 생산량이 300배나 늘어났다. 기업은 노동자를 해고하고 그 자리에 방적기를 들여놓았다. 그러자 일자리를 잃은, 아니 굶주리게 된 노동자들이 분노하여 애꿎은 방적기를 때려 부쉈다. 이것이 역사적으로 유명한 러다이트Luddite 운동이다.

러다이트 운동이 영국에서 진행될 당시에도 "노동은 사라지고 기계가 그 자리를 대체할 것"이라는 우려가 사회를 지배했다. 그렇지만 새로운 산업이 지속적으로 생겨나면서 우려는 기우로 끝났다.

지금도 마찬가지 아닐까? 단순 반복 작업이나 힘들고 위험한 작업은 기계나 인공지능으로 대체되겠지만, 새로운 분야가 창출되고 관련 일자리가 계속 만들어질 것이다. 전문 지식이 필요한 금융 및 경영 서비스 분야는 새로운 일자리가 창출될 수 있는 유력한 후보 분야 가운데 하나다.

우리가 경제와 금융 공부에 관심을 가져야 할 이유가 하나 더 늘었다.

공유경제

누이 좋고
매부 좋고

집을 나눠 쓰면 어떨까

미국 샌프란시스코는 금문교와 케이블카(줄에 매달려 높은 산을 오가는 이동수단이 아니다. 길거리를 달리는 전차를 현지에선 케이블카라고 부른다)로 상징되며, 연중 관광객들로 붐비는 아름다운 도시다. 〈미세스다웃파이어〉, 〈더록〉, 〈혹성탈출〉, 〈앤트맨〉, 〈베놈〉 등 미국 영화의 단골 배경이 되는 도시이기도 하다.

샌프란시스코는 집값이 비싸고 방문객을 위한 숙박 시설도 여유롭지 않다. 이 도시에서 대형 행사가 개최되는 시기에는 호텔 방 잡기 전쟁이 벌어진다.

이런 샌프란시스코에서 2007년에 디자인 콘퍼런스가 열리게 되었다. 방문객이 몰려 호텔이 부족할 것은 불 보듯 뻔했다. 이곳에 살던 청년은 자신들이 사는 아파트의 일부 공간을 빌려주자는 단순한 아이디어를 떠올렸다.

이 아이디어로 이들 셋은 일주일 만에 1000달러를 벌었다. 자신의 남아도는 주거 공간을 관광객에게 빌려주는 사업이 유망함을 직관한 이들은 웹사이트를 구축했고, 온라인으로 단기 숙박 서비스를 제공하기 시작했다. 현재 세계적인 기업으로 성장한 에어비앤비airbnb의 출발점은 이처럼 방세를 내기조차 힘들었던 세 청년의 작은 아이디어였다.

자기가 소유한 집을 늘 100퍼센트 활용하는 사람은 거의 없다. 어떤 때는 집주인이 며칠 또는 몇 달 동안 집을 비우기도 한다. 이런 유휴 공간을 그냥 놔두기는 아깝다. 비효율적이다.

유휴 공간을 다른 사람에게 빌려주면 빌리는 사람도 좋고, 빌려주는 사람도 돈을 벌 수 있어서 좋다. '누이 좋고 매부 좋고'라는 말이 딱 들어맞는다. 공유경제의 취지가 이것이다.

소유하지 않아도 사용 가능

　시장 경제에서는 사유재산권이 보장된다. 물건을 구입한 사람이 물건에 대한 독점소유권을 갖고 마음대로 사용할 수 있다.

　공유경제에서는 이 물건을 여럿이 공유하며 사용한다. 물건이 '소유'에서 '공유'의 대상이 된다. 대상이 되는 물건은 숙박 공간, 차량, 사무 공간, 인력, 자금, 지식, 콘텐츠 등 유형의 재화와 무형의 서비스를 가리지 않는다. 빌릴 수 있거나 공유할 수 있는 건 모두 공유경제의 대상이다.

　공유경제란 용어가 정식으로 사용된 지는 그리 오래되지 않았지만 개념만 놓고 본다면 역사적으로 매우 오랜 뿌리를 갖고 있다. 우리나라에도 두레나 품앗이가 있지 않은가. 노동력을 공유해온 우리의 관습은 오늘날 공유경제의 철학과 쏙 빼닮았다.

　도서관의 책도 매우 오래된 공유경제 사례다. 개인 서재에 꽂힌 책을 24시간 내내 탐독하는 사람은 없다. 또한 자신이 구입한 모든 책을 표지부터 마지막 쪽까지 예외 없이 통독하는 사람도 드물다. 특정 시점에 일부분이 필요해서 책을 산다. 한 번 보고 나면 서재에 방치해 먼지만 뒤집어쓰는 경우가 허다하다. 아깝다. 자원을 낭비했다는 죄책감도 든다. 도서관은 이 문제를 해결해준다. 한 권의 책을 여러 사람이 필요에 따라 필요한 부분만 이용할 수 있다.

이와 같이 공유라는 개념은 오래되었지만, 최근의 공유경제는 이윤 창출을 추구하는 영리사업이라는 차별성이 있다. 더불어 각종 디지털 기술을 기반으로 거래를 체계화하고 국제화하고 있다는 점도 두드러진다.

시대적 산물

공유경제 역시 시대적 산물이다. 글로벌 금융 위기 이후 세계적으로 경제 성장이 둔화되고 1인 가구가 증가하면서 공유경제의 조건이 무르익었다. 소득을 얻고자 하는 욕구와 소유까지는 필요하지 않고 공유만으로도 충분하다는 생각이 확산되면서 공유경제가 빠르게 확산되고 있다. 디지털 플랫폼을 가능하게 해준 정보통신기술의 발전, 급속한 스마트폰 보급과 SNS의 활성화는 공유경제 수요층을 확대하는 데 결정적으로 기여했다.

공유경제가 성립하려면 우선 놀고 있는, 즉 유휴 자산이 있어야 한다. 이 유휴 자산이 공유경제에서 '공급' 역할을 한다. 동시에 그 자산을 사용하기 원하는 '수요'가 있어야 한다. 직접 구입하기에는 비용이 부담스럽거나 굳이 소유할 필요까지는 느끼지 못하는 사람들이다.

그리고 공급자와 수요자 사이에서 유휴 자산 이용을 중개해주는 '플랫폼'이 필요하다. 온라인 시장이다. 수요자와 공급자가 공유 플랫폼을 통해 서로를 탐색하고 조건이 맞으면 거래가 이루어진다. 예컨대 에어비앤비나 우버Uber는 세계적으로 유명한 공유 플랫폼이다.

공급자는 유휴 자산의 사용권을 제공한다. 수요자는 사용료를 지불한다. 거래가 성사되면 플랫폼은 수요자와 공급자에게서 중개 수수료를 받는다.

현재 숙박 다음으로 활성화되고 있는 공유 분야가 차량이다. 대부분의 사람은 출퇴근이나 주말 나들이 때를 제외하고는 차량을 주차장에 세워놓는다. 수천만 원을 주고 구입한 차량이다. 사용하지 않더라도 중고가 되어 매년 수백만 원씩 차량의 가치가 허공으로 사라진다. 가격이 높지만 사용 빈도가 낮고, 덩치가 커서 보관마저 불편한 재화. 공유경제의 대상으로 딱 들어맞는다.

자동차를 구입하는 대신에 필요할 때만 다른 사람에게 빌려 쓰는 게 경제적이라는 생각이 자연스럽게 확산되고 있다. 약속한 주차장에 차량을 모아놓고 사전에 신청한 사용자가 차량을 이용한 후 다시 주차장에 돌려놓는다. 차량 사용자는 이용한 시간만큼만 비용을 낸다. 자동차 소유주가 운전 서비스까지 제공하면서 택시 역할을 하는 경우도 있다.

최근에는 자동차를 넘어 자전거에도 공유경제가 미쳤다. 우리나라에서는 대전시, 고양시, 제주시, 세종시, 서울시 등 공공부문이 주도하여 자전거를 공유할 수 있도록 시설을 보급한다.

우리나라가 한발 앞섰던 공유경제

공유경제라고 해서 대단하게 생각할 필요 없다. 우리나라

사람들은 이미 숙박이나 차량보다 앞선 공유경제를 경험하였다. 아마 여러분도 익히 경험했을 것이다.

"내가?"

의아해하는 사람이 있으리라. PC방은 어떤가. 게임을 잘하기 위해서는 본인의 실력도 중요하지만 컴퓨터 성능도 중요하다. 하지만 개인이 고성능 컴퓨터를 구입하고 새 모델로 계속 교체하기는 힘들다. 그런데 PC방이 컴퓨터를 공유할 수 있게 해준 것이다. PC방에는 게임에 최적화된 사양의 컴퓨터와 넓은 화면의 모니터가 구비되어 있다. 누구나, 회원 가입도 필요 없이, 저렴한 비용으로 컴퓨터를 이용할 수 있다. PC방의 컴퓨터 공유사업은 세계적으로 공유경제가 유행하기 전부터 우리나라에서 성행하였다. 놀랍지 않은가!

공유경제의 사례

분야	유휴 자산	공급자	수요자
숙박	빈집, 빈방	호스트	게스트
차량	유휴 차량, 여유 시간	차량 소유주	승객
재능	지적 자산, 여유 시간	재능 보유자	재능 수요자
자금(크라우드펀딩)	여유 자금	투자자	대출자

공유경제의 빛

공유경제에는 긍정적 측면이 많다. 효율성 제고와 자원 절약이 최고의 긍정적 측면으로 꼽힌다. 유휴 자산은 말 그대로 사용하지 않고 놀리는 자원이다. 이것을 필요로 하는 다른 사람과 공유함으로써 유휴 상태를 줄이고 희소한 자원을 절약할 수 있다. 물건 소유에 대한 강박관념에서 벗어나게 해준다는 점에서도 긍정적이다.

공유경제는 사회 후생을 늘리는 데에도 기여한다. 시장에서 자발적으로 이루어지는 거래를 통해서 수요자와 공급자 모두 이득을 얻는다는 것은 상식이다. 공유경제를 통한 거래도 마찬가지다. 수요자에게는 저렴한 가격, 다양한 선택권, 편리성을 제공한다. 공급자에게는 추가로 소득을 얻을 수 있는 기회를 제공한다. 거래에 참여한 양자 모두에게 이득이 되어 사회 후생이 늘어나는 것이다. 특히 소득 창출 욕구가 큰 저소득층이 공유경제에 참여할 가능성이 크다는 점에서, 이들 집단의 후생 증대는 소득 불평등을 완화하는 데에도 긍정적이다.

공유경제 플랫폼을 제공하는 기업은 수수료를 받아 이윤을 쌓고 관련 일자리를 창출한다. 이들 기업은 정보통신기술을 활용하여 거래 비용을 줄여주고 사용 편의성을 높여준다.

경쟁 효과도 기대할 수 있다. 기존 업체와의 경쟁을 통해 서로 더 나은 서비스를 제공하려고 노력하고 그 결과 가격이 하락하고 서비스 질은 향상된다.

공유경제는 환경 보존에도 도움이 된다. 카풀서비스가 대표적인 예다. 차량 이용량이 감소하여 환경오염이 줄어든다.

이뿐이랴. 지역 경제 활성화에도 영향을 끼친다. 2012년 여수에서 개최된 박람회 기간 동안 숙박 시설과 서비스를 공유함으로써 많은 관광객이 관람할 수 있었다. 여수의 이름을 세계적으로 알리는 데 기여했다 하겠다. 앞서 예를 든 미국 샌프란시스코 역시 공유를 통해 숙박 문제를 해결함으로써 2016년에 슈퍼볼 경기(프로미식축구 결승전)까지 유치할 수 있었다.

공유경제의 그림자

밝은 면이 있으면 어두운 면도 있는 법이다.

가장 직접적으로 피부에 와닿는 부정적 측면은 기존 사업자와의 마찰이다. 숙박 공유로 인해 기존 호텔 사업자나 민박집이 타격을 입는다. 이들 분야가 위축되고 일자리가 사라진다. 차량 공유는 택시업계에 직격탄을 날리고 있어 마찰이 끊이지 않는다.

거래 과정에 위험이 존재한다는 점도 문제다. 불특정 다수의 개인이 수요자와 공급자로 참여하여 온라인에서 이루어지는 거래에는 여러 가지 위험이 잠재한다. 수요자와 공급자가 서로에 대한 정보가 부족하기 때문이다. 예컨대 계약한 숙박 시설이 제공하는 서비스의 질을 가늠하기 힘들다. 거래 상대방이 부적절한 행동을 하거나 나아가 공유 시설을 이용해 범죄를 저지를 우려도 있다. 자신의 숙박 시설에 불법 촬영 카메라를 설치한 일본인이 단속되었다는 뉴스가 여러 차례 나온 적이 있다. 이런 경우 피해를 입더라도 보호받기 힘들 수도 있다.

탈세 문제도 해결해야 한다. 기존 사업자 중심의 거래에서는 모든 거래가 정확하게 포착되고 정부가 법인세나 소득세를 부과하기가 비교적 쉽다. 공유경제의 경우에는 정부가 개인 간의 모든 거래를 파악하고 이에 세금을 부과하기가 녹록잖다. 공급자가 정식으로 등록하지 않고 소득을 제대로 신고하지 않으면 세금을 내지 않게 된다. 꼬박꼬박 세금을 내고 영업하는 기존 사업자가 역차별을 받을 소지가 있다.

국가 채무

정부도
돌려 막기를?

국가도 빚을 진다

2008년 300조 원 돌파. 2011년 400조 원, 2014년 500조 원, 2016년 600조 원, 2018년 700조 원 돌파. 이처럼 가파른 속도로 연속해서 신기록을 갈아치우는 것이 도대체 무엇일까? 우리나라 경제 규모? 수출액? 모두 아니다. 우리나라가 지고 있는 나랏빛, 다른 말로 국가 채무 수치다.

국가 역시 살림을 꾸린다. 국가는 조세 제도를 통해 돈을 거둬들이고 이 돈으로 지출을 한다. 단지 규모에서 차이가 날 뿐 수입과 지출이라는 기본 구조는 일반 가정과 다를 바 없다.

국가가 살림살이를 하는 것을 '재정'이라 부른다. 이를 위해 국가가 거둬들이는 돈이 '재정 수입', 여러 사업이나 정책에 쓰는 돈이 '재정 지출'이다.

가정이 수입에 비해 지출이 많으면 당연히 은행 잔고는 마이너스가 된다. 이를 메우려면 여기저기에서 돈을 꾸어야 한다. 국가도 마찬가지다. 수입보다 지출이 많으면 적자를 면할 수 없다. 이것이 '재정 적자'다. 국가도 적자를 메우기 위해서는 돈을 빌려야 한다. 이런 식으로 국가가 지게 되는 빚이 '국가 채무'다.

경제 위기와 공적 자금의 후유증

앞서 말했듯 우리나라의 국가 채무가 빠르게 불어나고 있다. 2000년대 초반까지는 비교적 완만하게 증가했지만 2003년부터 눈에 띄게 늘었다. 국가 채무의 증가 속도가 GDP 증가 속도를 앞지른 결과, GDP 대비 국가 채무 비율이 2000년에 비해 2배 이상 높아졌다.

유럽의 선진국, 미국, 일본 같은 나라에서는 국가 채무가 오래전부터 골칫거리였고, 경제 운용의 난제 가운데 하나였다. 이에 비해 우리나라의 국가 채무는 비교적 양호한 상태였다.

우리나라 연도별 국가 채무와
연도별 GDP 대비 국가 채무 비율

111.2 / 247.9 / 392.2 / 591.5 / 626.9 / 660.2 / 708.2

17.5 / 27.0 / 31.0 / 37.8 / 38.2 / 38.2 / 39.5

2000　2005　2010　2015　2016　2017　2018 (년)

국가 채무(단위: 조 원)　　　GDP 대비 국가 채무 비율(%)

절대적인 규모와 GDP 대비 비율이 비교적 낮아서 그리 염려할 만한 수준이 아니었다.

하지만 이제는 우려의 목소리가 나오고 있다. 그 결정적 계기는 1997년 경제 위기였다. 정부는 경제 위기를 극복하기 위해 165조 원이라는 엄청난 규모의 공적 자금을 투입했고, 이때부터 국가 채무가 본격적으로 증가하기 시작했다.

그렇다면 20년도 더 지난 지금, 왜 여전히 빚을 지고 있을까? 최근에는 복지에 대한 국민의 기대감과 정치권의 화답이 국가 채무를 늘리는 데 기여하고 있다. 쓰는 곳은 많은데 경제 성장이 더뎌지고 경기가 나빠지면서 세금 수입이 지출을 따라가지 못하는 탓이다.

국가 채무 비율의 허와 실

정부는 GDP 대비 비율이 낮다는 이유로 국가 채무가 충분히 감내할 수 있는 수준이라고 해명한다. 정부의 색깔을 떠나 어느 정부나 공통적으로 내놓는 대답이다. 그리고 이 비율은 선진국에 비해 훨씬 낮다는 말도 빼놓지 않는다. 실제로 일본은 이 비율이 200퍼센트를 넘는다.

그러나 선진국 수치와의 단순 비교에는 한 가지 치명적 허점이 숨어 있다. 선진국들은 오래전에 고령화 사회에 진입했다. 우리나라는 이제 고령화 사회로 들어서고 있다. 고령화 상황이 다른 나라와 견주어 같은 연도의 수치를 비교하는 것은 비논리적이다. 고령화 사회가 되면서 국가 채무 비율이 급등하는 경향이 있기 때문이다.

독일, 덴마크, 스웨덴 등이 고령화 사회에 진입한 시기의 국가 채무 비율은 20~30퍼센트에 불과했음에 주목해야 한다. 이후 고령화와 관련한 사회 복지 지출이 급등한 결과 이들 국가의 부채 비율이 지금처럼 높은 수치에 도달하였다. 우리나라의 국가 채무 비율은 이미 40퍼센트 수준이다. 고령화 사회가 본격적으로 시작되면 앞선 선진국들의 사례처럼 국가 채무 비율이 급등할 가능성이 상당히 높다.

우리나라보다 채무 비율이 훨씬 더 높은 선진국이 지금까지 망하지 않은 것을 보면, 이에 훨씬 못 미치는 채무를 갖고 있는 우리나라는 염려할 필요가 없어 보이기도 한다. 실제로 지금 정도의 국가 채무 때문에 우리나라가 당장 어떻게 되지는 않는다.

하지만 문제는 이 비율의 증가 속도이며 향후 전망이다. 우리나라의 고령화 속도는 세계에서 전례를 찾아볼 수 없을 정도로 빠르다. 고령화 현상이 진행되면 경제 활동이 가능한 인구가 줄어들고 경제 성장 속도가 둔화된다. 반면에 사회 복지 지출은 급속도로 증가한다. 우리나라도 어느덧 복지 지출이 재정 지출에서 비중이 가장 큰 항목이 되었다. 경기를 살리기 위해서 투입하는 재정도 빠르게 늘어난다.

이처럼 재정 수지가 악화될 수밖에 없는 구조로 사회와 경제가 변하고 있다. 그러니 비록 지금 우리의 국가 채무 수준이 선진국에 비해 낮다고 해서 방심해서는 안 된다. 자칫 방심하는 순간, 국가 신용도 저하, 해외 투자자들의 자금 이탈, 빚 상환 부담 증가 같은 부채의 저주에 시달릴 수 있다.

경제 위기를 겪은 그리스, 포르투갈, 이탈리아 등은 모두 부채 비율이 매우 높았다는 공통점을 가졌다. 어느 국가든, 국가가 빚을 갚을 수 있을지에 대한 불신이 커지는 순간 경제 위기가 엄습할 가능성이 있다. 부채의 저주가 시작되면, 되돌릴 수 없는 위기에 빠진다. 손을 쓰기 늦기 전에 예방하는 게 최선이다.

학생들이 성적표를 받을 때 두려운 것처럼, 어른들은 세금 고지서를 받을 때 두려움에 떤다. 세금 내기 싫어하면서도 정작 자신의 세금이 잘 쓰이고 있는지에 대해서는 상대적으로 무감각하다. 정부가 지출하는 재정의 주인은 국민, 즉 우리다. 내가 낸 세금이 잘 사용되고 있는지 관심을 갖고 감시해야 한다. 세금이 비생산적인 곳에 쓰여 국가 채무가 자꾸 쌓인다면 이를 갚기 위한 세금까지 또 우리가 추가로 내야 하니 말이다.

정부도 돌려 막기를 한다?

개인이 진 빚과 나라가 진 빚은 성격이 조금 다르다. 개인이 장기간 빚을 갚지 못하면 신용 불량자가 되고 금전 거래가 힘들어진다. 금융 회사는 새로 대출해주지 않으려 하고, 이미 빌려준 돈은 회수에 나선다.

이와 달리 국가가 빚을 못 갚는다고 국민과의 거래가 끊기는 것은 아니다. 어쩌랴. 그 나라 국민인 것을. 물론 해당 국가는 다른 국가로부터 또는 국제 시장에서 돈을 빌리기 힘들어진다.

현재 우리 정부는 빚을 갚아야 할 시점이 오면 그 금액에 해당하는 만큼 채권을 새로 발행해서 국민들로부터 다시 빌리는 방법을 쓰기도 한다. 이런 식으로 채권을 발행하는 것을 '차환 발행'이라고 한다. 쉽게 이야기하면 개인이 빚을 갚기 위해 금융 회사에서 돈을 빌리고, 빌린 돈을 갚아야 하면 다른 곳에서 다시 빌리는 '돌려 막기'와 비슷하다.

국가는 개인에 비해서는 돌려 막기를 쉽게 할 수 있다. 하지만 그렇다고 언제까지나 아무 문제 없이 돌려 막을 수 있다는 뜻은 아니다. 국가가 돌려 막기를 유지하려면, 채권을 새로 발행했을 때 그 채권을 사주는 국민들이 있어야 한다. 하지만 어느 한계를 벗어나면 사려는 사람들이 크게 줄어들 수 있다.

또 요즘은 외국인이 우리나라 채권을 많이 산다. 우리나라 경제의 신용도가 떨어지면 등을 돌리고 우리가 발행하는 채권을 쳐다보지도 않을 것이다. 안전한 국가들의 채권이 세계에 널렸으니 당연하다.

상황이 이 지경에 이르면 차환 발행이 어려워진다. 이따금씩 어느 나라가 모라토리엄moratorium 상태에 놓였다든지 디폴트 default에 빠졌다든지 하는 뉴스가 나오는 이유다. 둘 다 빚을 갚을 여력이 없는 상태라는 점에서는 같지만, 차이는 있다.

모라토리엄은 빚 상환을 나중으로 미루겠다는 뜻으로, 우리말로는 '채무 상환 유예' 정도가 된다. 디폴트는 빚을 갚을 능력이 없어 돈을 못 갚겠다는 의사를 표명하는 것으로서, '채무 불이행 상태'로 번역할 수 있다. 1998년에 러시아가, 2008년에는

두바이가 모라토리엄을 선언했다. 경제 위기를 겪은 그리스는 2015년에 디폴트 상태에 접어들었다.

분명한 사실이 하나 있다. 나라가 진 빚도 저절로 갚아지지 않는다는 것이다. 정부는 세금을 더 걷든지, 거둔 세금을 아껴 재정 지출을 줄이든지 해서 갚아야 한다. 어느 방법이든 국민의 고통이 따른다. 결코 쉬운 방법이 아니며 국민들에게 인기가 없다.

2009년에 시작된 그리스의 국가 채무 위기는 반면교사로 삼기에 충분하다. 그리스는 재정 적자가 누적되면서 국가 채무가 GDP보다 많아졌다. 그리스가 국가 채무를 갚지 못할 수 있다는 위기감이 팽배해지자 국가 신용도는 급락했고 그리스 정부가 발행하는 국채를 사려는 투자자들이 사라졌다. 결국 그리스는 EU유럽연합에 자금 지원을 요청하여 위기를 가까스로 넘겼지만 대량 해고, 임금 삭감, 복지 지출 축소 등의 고통을 감내해야 했다.

국가 경제가 이런 사태에 이르면 곤란하다. 위기에 닥쳐 해결하기보다는, 미리 대비하여 위기를 피하는 게 현명하다. 소 잃고 외양간 고치지 말고, 소 잃기 전에 외양간 고치는 것이 바람직하지 않겠는가.

고통지수

경제 스트레스를
측정하다

날씨엔 불쾌지수, 경제엔 고통지수

"후텁지근한 날씨가 계속되고 있습니다. 오늘도 불쾌지수가 83에 이른다고 합니다."

한여름, 온도와 습도가 높아질수록 불쾌지수도 높아진다.

고온다습한 우리나라의 여름철 날씨. 목 뒤로는 끈적거리는 땀이 흐르고, 코에서는 더운 기운이 뿜어져 나온다. 날씨로 인한 실질적인 불쾌함을 수치화한 불쾌지수는 아주 요긴하게 쓰인다.

기상학에 불쾌지수가 있다면 경제학에는 고통지수^{misery}

index가 있다.

"도대체 언제쯤이면 경기가 풀리려나?"

"돈 몇만 원 들고 시장에 가면 살 게 없다니까. 물가가 계속 오르고 있어."

"취업하기가 낙타가 바늘구멍 통과하기보다 어려워서야……. 이거 어디 살겠어?"

좀처럼 살아날 줄 모르는 경기, 자고 일어나면 치솟는 물가, 줄어드는 일자리 등 우리가 경제생활에서 받는 고통을 가늠하기 위해, 이번에는 경제학자들이 팔을 걷어붙이고 나섰다.

고통지수는 미국 브루킹스 연구소의 경제학자이자 예일대 교수였던 아서 오쿤Arthur Okun이 고안한 지표로, 인플레이션과 실업 문제로 인해 국민들이 느끼는 경제 고통의 체감도를 산출한 것이다. 경제학에서도 처음에는 불쾌지수discomfort index 또는 불쾌요인discomfort factor으로 불렸지만, 지금은 고통지수라는 용어가 더 널리 사용된다.

고통지수 = | 물가 상승률 | + 실업률

고통지수는 매우 단순하게 산출된다. 물가 상승률과 실업률을 더하면 된다. 인플레이션과 실업률 상승은 다른 어떤 요인보다 국민들의 삶에 치명적이다. 고통지수가 높아진다는 것은 국민들이 일자리를 찾기가 갈수록 어려워져 소득 수준을 유지하기 힘들어지거나, 소득이 같더라도 물가로 인해 구매력이 줄어든다는 의미다.

세계 경제는 1970년대 이후 석유 파동의 후유증으로 인플레이션과 실업률이 동시에 치솟는 시기를 겪었다. 이른바 스태그플레이션stagflation 현상이다. 그전까지는 불황기면 실업률이 높아졌지만 물가는 안정되었다. 호황기면 물가가 올랐지만 실업률이 낮아졌다. 그런데 경기 침체stagnation와 물가 상승inflation이 동시에 일어나는 기이한 현상이 발생한 것이다. 경제학자들은 몹시 당황스러웠다. 많은 사람이 이 시기를 악몽 같은 시기, 암흑의 터널로 기억한다.

당시 스태그플레이션은 고통지수의 상승으로 직결되었고, 이 현상과 함께 고통지수라는 용어도 일반인들 사이에 널리 퍼지기 시작했다. 달갑지 않은 이 용어가 우리나라 신문에 나타난 때도 그 즈음이다.

인플레이션이나 디플레이션이나 나쁘기는 마찬가지

고통지수를 구하는 식을 살펴보면, 물가 상승률의 절댓값을 사용한다. 왜 그럴까?

　인플레이션뿐 아니라 디플레이션 역시 사람들에게 고통을 주기는 마찬가지여서다. 다만 현실 경제에서 디플레이션보다 인플레이션으로 고통을 겪는 일이 더욱 빈번한 탓에 사람들이 디플레이션의 악영향을 잘 인지하지 못할 뿐이다. 심지어 인플레이션의 부작용을 심하게 경험한 나머지 디플레이션을 간절히 기대하는 사람도 있다. 그러나 디플레이션의 피해는 인플레이션 못지않다. 오히려 더 클 수도 있다.

나라별 고통지수

　흔히 1인당 국민총소득을 가지고 어느 국가의 국민이 부자이며 생활 수준이 높은지를 비교하지만, 고통지수는 국민이 받는 경제 스트레스를 측정한다는 의미에서 흥미로운 비곳거리다.

　2018년 우리나라의 고통지수는 소비자물가 상승률 1.5퍼센트, 실업률 3.8퍼센트를 합한 5.3이었다. 과거 우리나라의 고통지수는 이보다 훨씬 높았다. 1970년 한 해에 물가가 무려 16퍼센트나 올랐으며 실업률도 4.4퍼센트에 달해, 고통지수가 20.4나 되었다.

　이게 다가 아니다. 제2차 석유 파동으로 인한 스태그플레이션이 나타났던 1980년에는 33.9라는 사상 최고의 고통지수를 기록하기도 했다. 당시 우리나라 사람들이 얼마나 심한 경제 스트레스를 받고 살았는지 가늠하기조차 힘들다.

　이후 우리 경제는 안정을 되찾아 1990년대 중반까지는 고통지수를 한 자릿수로 유지하는 데 성공했다. 그러나 우리 모두가 잘 알고 있듯, 1997년 경제 위기 때 고통지수는 다시 2배나 치솟아 14.5를 기록했다. 경제 위기를 넘긴 우리나라는 다시 고통지수를 한 자릿수로 유지해오고 있다.

　다른 나라는 어떨까? 2018년을 기준으로 볼 때, 태국의 고통지수가 2.1로 가장 낮았다. 싱가포르(2.5), 일본(3.4) 등이 국민들이 받는 경제 고통이 적은 나라다. 반면에 아르헨티나는 고통지수가 40을 넘어 국민들이 경제적으로 매우 심각한 고통을 받고 있다. 그러나 이들도 최악은 면했다. 최악은 베네수엘라로, 고통지수가 무려 93만이나 되었다. 남미의 대표적인 산유국이면서도 국가 운영을 제대로 하지 못해 살인적인 인플레이션으로 경제가 파탄 상태에 이른 탓이다.

　같은 나라 안에서도 성별이나 연령에 따라 고통지수가 달

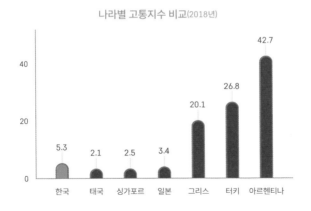

나라별 고통지수 비교(2018년)

라진다. 특히 연령별로 보면 우리나라 청년들의 고통지수는 국민 전체 평균보다 훨씬 크다. 청년들의 실업률이 유독 높은 탓이다.

고통지수의 허점을 밝혀낸 심리학자들

고통지수에도 허점이 있다. 물가 상승률과 실업률의 단순한 합으로는 국민이 겪는 경제 고통을 정확히 측정하는 데 한계가 있다.

고통지수는 물가 불안과 실업이 국민들에게 주는 고통의 정도가 같다는 것을 전제한다. 하지만 물가 상승률이 1퍼센트 높아지는 것과 실업률이 1퍼센트 높아지는 것이 국민에게 주는 고통의 정도는 분명히 다르다.

심리학자들의 연구는 이 사실을 여실히 드러낸다. 조사에 따르면, 사람들은 인플레이션에 비해 실업률에서 1.7배 심각한 불행을 느끼는 것으로 밝혀졌다.

이와 같은 연구 결과를 반영하는 좀 더 정확한 고통지수가 필요하다고 본 경제학자들은 실업률에 더 큰 가중치를 부여하는 고통지수를 작성했다. 이를 '가중고통지수'라고 한다. 예를 들어 물가 상승률보다 실업률이 2배의 고통을 준다고 가정하면, 가중고통지수는 다음과 같다.

가중고통지수 = | 물가 상승률 | + 2 × 실업률

금발의 소녀가 가르쳐주는 경제학

골디락스goldilocks는 금gold을 뜻하는 말과 머리카락lock을 뜻하는 말이 합쳐져 원래는 금발의 사람을 의미한다. 오늘날 경제학에서는 실업률이 낮으면서도 물가마저 안정된 경제 상태를 상징하는 용어로 사용되고 있다. 그 유래는《골디락스와 곰 세 마리》라는 영국의 전래동화로 거슬러 올라간다.

옛날 골디락스라는 금발의 소녀가 살았다. 그 소녀는 덥거나 추운 날씨보다 온화한 봄날을 좋아하고, 매우 크거나 매우 작은 인형보다는 자기에게 알맞은 크기의 인형을 좋아했다.

어느 날 소녀는 숲속을 걷다가 세 마리 곰이 살고 있는 오두막집에 이르렀다. 배가 몹시 고팠던 골디락스는 오두막집 문을 열고 들어갔다. 때마침 세 마리 모두 집을 비우고 없었다.

식탁 위에는 보리죽이 담긴 그릇 3개가 있었다. 하나는 무척 뜨거웠고, 또 하나는 식어서 차가웠다. 나머지 하나는 먹기에 딱 알맞았다. 골디락스는 코를 간질이는 보리죽 냄새의 유혹을 뿌리치지 못하고 적당한 온도의 보리죽을 먹어치웠다.

배를 채우자 곧 졸음이 몰려왔다. 침대 역시 3개였다. 하나는 무척 물렁거렸고, 하나는 매우 딱딱했다. 그리고 나머지 하나는 적당히 편안했다. 골디락스는 편안한 침대에 누워 잠에 빠져들었다.

이 동화에서 유래되어 경제가 적당한 상태, 즉 경기가 적당히 호황이면서도 동시에 물가도 안정된 건강한 경제를 의미하는 뜻으로 '골디락스 경제'라는 용어가 탄생했다. 그리고 이는 곧 고통지수가 낮은 경제를 의미한다.

디플레이션

D의 공포와
R의 공포

물가가 내린다고?

　　외계인이 인간의 모습을 하고 지구 곳곳에 살고 있다. 인간
임을 의심해본 적 없고 평소에 친하게 지내는 이웃이 실은 외계
인이다. 다만 불법 거주 외계인이 있다는 게 문제다. 이들은 지
구를 위협한다. 이들 불법 거주 외계인을 적발하고 지구 평화를
수호하는 비밀기관 요원들이 있다. 하나같이 검은 양복 차림에
짙은 선글라스를 낀다. 이들 요원은 알파벳 D, H, J, K, M, T
등으로 불린다. 이상은 1997년 처음 개봉된 이후 최근 4편까지
제작된 할리우드 영화 〈맨인블랙〉에 관한 이야기다.

경제학에서도 이와 같이 영어 알파벳으로 시작하는 용어가 하나둘씩 생겨나고 있다. 차이점은 뒤에 '공포'라는 마뜩잖은 표현이 따라다닌다는 것이다. 'D의 공포'니, 'R의 공포'니 하는 말들이다. 먼저 D의 공포 속으로 들어가보자.

"물가가 오를까 아니면 내릴까?"

우리나라 사람들은 이 질문에 답하기 전에 질문 자체를 의아하게 생각할 것이다. "나를 얼마나 무시하기에 이토록 쉬운 질문을 해?" 하면서 불쾌해할지도 모르겠다. "물이 높은 곳에서 낮은 곳으로 흐를까, 낮은 곳에서 높은 곳으로 흐를까"와 같은 수준의 질문이라 여길 것이다. 낮은 곳으로 흐르는 것이 물의 본성이듯, 물가는 오르기 마련이라는 생각이 지배적이다.

그동안 우리나라에서 물가가 내린 적이 없으니 당연하다. 고도성장이니 한강의 기적이니 우리나라 경제를 이야기할 때마다 항상 꼬리표처럼 따라다닌 것이 '물가 불안', '인플레이션 우려' 같은 말이었다. 경제가 빠르게 성장하는 경우에는 말할 것도 없고, 불경기에도 물가는 예외 없이 올랐다.

그래서 경제에 대한 지식이 충분하지 못한 사람들은 "우리나라에서도 물가가 내리는 것을 한 번이라도 봤으면……" 하는 희망을 피력하기도 한다. 물가가 내리면 더 나은 세상이 올 것 같은 착각에 빠진 탓이다.

기저 효과

　그런데 정말 그런 일이 발생했다. 2019년 8월에 우리나라 소비자물가 상승률이 처음으로 마이너스를 기록했다. 9월에도 연속해서 소비자물가가 뒷걸음질 쳤다. 우리나라에서도 물가가 내려가는 역사가 기록된 것이다. 이 소식이 전해지자 일부 언론들과 전문가들은 D의 공포라는 표현을 써가며 우려하기 시작했다.

　D는 물가가 지속적으로 하락하는 디플레이션deflation의 첫 글자를 따온 것이다. 인플레이션과 반대되는 현상이다. 그러니 D의 공포란 디플레이션 공포라는 뜻이다.

　당시 물가가 내려갔다는 통계에 대해서 일부에서는 기저 효과에 따른 일시적인 현상일 뿐이라며 서둘러 진화에 나섰다. 여기서 '기저'란 기준이 되는 바닥이란 뜻이다. 기준이 되는 시기에 발생한 일시적이고 특수한 현상으로 인해 그와 비교하는 시기의 현상이 왜곡될 때 기저 효과라고 부른다.

　기저 효과의 예를 하나 생각해보자. 몸이 아파서 중간고사 수학 시험을 망친 학생이 있다. 기말고사에서는 정상 컨디션으로 시험을 치렀다. 기말고사 수학 성적이 중간고사에 비해서 크게 높아졌을 터, 그 점수 상승 폭을 놓고 보니 전교에서 1등이었다.

이 학생이 전교에서 수학 실력이 가장 향상된 학생일까? 아니다. 몸이 아파서 중간시험을 잘 못 봤을 뿐이다. 이것이 기저 효과다. 반사 효과라고도 부른다.

물가 상승률은 정확히 1년 전의 물가에 비해 지금의 물가가 얼마나 올랐는지를 측정한다. 1년 전인 2018년 8월에 우리나라 농축수산물 가격이 기형적으로 폭등했다. 그 탓에 2019년 8월 가격 상승률이 마이너스를 기록했다는 것이다.

이렇게 말하는 사람도 있다. 아파트 가격이 계속 오르고, 내야 하는 세금도 매년 크게 늘어나는데 무슨 디플레이션이냐고. 정부의 물가 통계를 믿지 못하겠다는 것이다. 부동산 가격이나 세금은 소비자물가에 전혀 반영되지 않는다. 아파트 가격이 수억 원 올라도, 세금이 30퍼센트 늘어나도 소비자물가는 달라지지 않는다. 소비자물가는 소비자들이 빈번하게 구입하는 품목들의 가격에 초점을 둔다.

D에 대한 공포

대부분의 경제 전문가들은 소비자물가 상승률이 한두 번 마이너스를 기록했다고 해서 바로 디플레이션이라고 말할 수 없다는 데 의견을 같이한다. 디플레이션이란 물가가 '지속적으로' 하락하는 현상이지, 일시적으로 한두 차례 하락하는 경우를 말하지 않는다. 예를 들어 미국의 블랙 프라이데이나 중국의 광군제 기간에 대규모 할인이 이루어져 미국이나 중국의 물가가 일시적으로 내려간다고 해서 이를 디플레이션 현상이라고 부르지 않는다는 뜻이다. 할인 행사는 일시적이며, 행사가 끝나면 물가는 제자리로 돌아간다.

그럼에도 언론에서 D의 공포라는 용어를 사용하고 일부 전문가들도 이에 동의하는 이유가 분명히 있으리라. 여러 가지 근거를 생각해볼 수 있다.

우선 근래의 우리나라 물가 추이가 심상치 않았다. 비록 마이너스를 기록하지는 않았지만 2010년대 들어와 소비자물가 상승률이 사상 유례를 찾아볼 수 없을 정도로 안정적인 모습을 보였다. 2012년에 2.2퍼센트를 기록하더니, 2013년부터는 1퍼센트대로 하락했다. 기어이 2015년에는 0.7퍼센트로 더 낮아졌다. 이후 2016년부터 소비자물가 상승률이 다소 반등했지만 여전히 1퍼센트대에 머물렀다.

소비자물가만이 아니다. 전문가들이 물가를 분석할 때 즐겨 쓰는 GDP 디플레이터deflator라는 게 있다. 명목 GDP를 실질 GDP로 나누어 구하는 것으로, 소비자물가의 한계를 보완

해주는 또 하나의 중요한 물가지수다. 이 GDP 디플레이터 역시 2018년 4분기부터 3분기 연속해서 하락하여 마이너스 상승률을 기록했다. 또 다른 물가지수인 '생산자물가'의 상승률 역시 마이너스였다. 3대 물가지수 모두 동반 마이너스를 기록했다. 완연한 저물가 기조다.

경제 성장률을 보더라도 비슷한 우려가 생긴다. 2012년부터 우리나라 경제는 3퍼센트 초반대 성장률을 넘어본 적이 없다. 이제는 경제 성장률이 으레 2퍼센트대다. 당장 경제가 고성장으로 반등할 것이라는 기대도 접은 지 오래다. 우리의 주력 산업들이 중국을 비롯해 후발국에게 위협받고 경쟁력을 내주고 있다. 우리나라의 경제 활력이 최근 눈에 띄게 줄어들고 있다는 데 이의를 제기할 사람은 없다.

이러한 상황에서 2019년 8월을 계기로 마이너스 물가 상승률이 당분간 지속될 우려가 있다는 경고가 나온 것이다. 분명히 가벼이 보아 넘길 문제가 아니다.

물론 정부의 희망처럼 기저 효과에 따른 일시적 현상일 수 있다. 하지만 기저 효과가 존재하더라도 경제 성장이 활발했다면 물가는 조금이라도 올랐을 것이다. 지금껏 여러 차례 기저 효과가 있었지만 한 번도 마이너스 물가 상승률을 기록한 적이 없지 않았던가.

기저 효과든 일시적 현상이든 그것은 시간이 지나면 저절로 밝혀지겠지만, 우리나라에도 D의 공포가 가시화되고 있으며 D에 대비할 필요가 있음은 명백하다. 디플레이션이 발생할 정도로 우리나라 경기 침체가 심각한 상태는 아니므로 안심하라는 정부의 습관성 위로에 편히 잠을 자는 국민이 되어서는 안 된다. 이는 중병에 걸려 누워놓고는 당장 목숨이 위험하지는 않다는 의사 말에 치료를 소홀히 하는 환자의 어리석음과 다를 바 없다.

내 소득이 0이 될 수 있는 현상

한 언론은 디플레이션 폭탄이 언제 터질지 모른다고 기사화했다. 디플레이션이 왜 폭탄일까? 왜 디플레이션을 공포라고 표현하고, 경제학자들은 디플레이션을 피해야 한다고 경고할까? 햄버거 가격이 6000원에서 다음 달에 5500원, 내년에 5000원이 되면 좋은 것 아닌가?

특정한 몇 개의 품목만 가격이 하락한다면 당연히 소비자에게는 반가운 소식이다. 같은 돈으로 물건을 더 많이 살 수 있게 되니까. 하지만 디플레이션은 몇 개가 아니라, 우리나라에서 거래되는 대부분의 물건 가격이 지속적으로 떨어진다는 뜻이다. 디플레이션은 전반적인 경기가 매우 침체되고, 침체 상태가 오래 지속될 때 비로소 나타나는 현상이다. 즉, 디플레이션과 장기 경기 침체는 함께 온다.

디플레이션은 좀처럼 발생하지 않지만, 일단 발생하면 소비자나 기업 모두 막대한 경제적 피해를 입게 된다. 어떤 정책을 사용하더라도 효과가 잘 발휘되지 않아 디플레이션은 장기간 지속되는 특성이 있다. 경제학자들이 디플레이션을 두려워하고 'D의 공포'라고 말하는 이유다. 인플레이션을 두고 'I의 공포'라는 표현을 쓰지는 않는다. 경제학자들은 인플레이션보다 디플레이션을 더 심각하게 경계해야 한다고 말하는 데 주저하지 않는다.

미국의 유명한 경제학자 그레고리 맨큐Gregory Mankiw는 "인플레이션은 나쁘다. 그러나 디플레이션은 그보다 더 나쁠 수 있다"고 경고했다. 크리스틴 라가르드Christine Lagarde IMF 전 총재는 디플레이션을 '괴물'에 비유했다. 그만큼 해결하기 힘든 경제 문제다. 그래서 "디플레이션의 최고 대책은 아예 발생하지 않도록 예방하는 일이다"라는 인식이 경제학자들 사이에 퍼져 있다.

이런 비교도 있다. "인플레이션은 물가가 자신의 소득보다 더 많이 오르는 현상이다. 반면에 디플레이션은 물가가 하락하지만 자신의 소득이 0이 되는 현상이다." 디플레이션을 더 두려워해야 하는 이유를 잘 반영한 말이다.

D의 공포를 실제로 겪은 나라의 상황을 확인하면 공포의 의미를 이해하는 데 도움이 된다. 일본은 1995년에 물가 상승률이 마이너스를 기록했다가 이듬해에 플러스로 전환되었다. 하지만 1999년부터 다시 마이너스 물가 상승률을 유지해, 약 20년 동안 물가가 만성적으로 하락하였다. 디플레이션이 엄습한 것이다.

일본 경제의 디플레이션은 1990년대 초반 부동산 가격의 버블이 터지면서 시작되었다. 개인이 보유한 부동산 가격이 갑자기 폭락하자 소비 심리가 급격히 위축되었고 경기 침체에 돌입했다. 여기에 빠른 속도로 진행된 일본 인구의 고령화 현상도 장기간의 디플레이션에 일조했다. 엎친 데 덮친 격이었다. 상대적으로 자산을 많이 보유하고 있던 고령층이 버블 붕괴의 피해를 많이 입었고 소비를 크게 줄였다. 또한 이들 고령 인구가 소득을 위해서 대거 취업하면서 노동 공급이 풍부해졌고, 임금이 낮아졌다. 소득이 별로 늘지 않으니 소비는 더더욱 제자리걸음일 수밖에 없었다. 그렇게 일본 경제는 20년 동안 성장세가 거의 멈췄고, 국민 소득도 마찬가지였다.

일본과 닮은꼴 한국 경제

IMF가 발간한 〈일본과 평행선, 한국의 도전〉이라는 보고서에 우리가 관심을 가져야 할 내용이 많다. 한국 경제와 일본 경제에는 닮은 점이 많다. 일본은 제2차 세계대전의 패전 이후, 우리나라는 한국전쟁 이후 눈부신 속도로 경제 성장을 이룩했다는 점부터 저출산·고령화 현상, 경제 성장률 하락 등 마치 평행이론을 보는 듯하다.

우리는 대체적으로 20년의 격차를 두고 일본 경제를 추격하는 모습을 보여왔다. 일본의 '잃어버린 20년'이 시작된 지 20년이 지났다. 우리나라 경제가 장기 불황마저도 일본의 전철을 그대로 따라갈 것이라는 우려가 여기에서 나온다.

우리나라 경제가 일본의 장기 불황까지 따라가는 일은 벌어지지 않기를 바란다. 학습 효과라는 게 있지 않은가. 일본의 실수를 반면교사 삼아 우리는 우리만의 다른 길을 모색해야 한다. 평행이론을 보기 좋게 깨야 한다.

IMF는 다행스럽게도 우리나라 경제가 장기 불황에 빠지지 않을 수 있다면서 보고서를 마무리했다. 더불어 그러기 위해서는 산업구조를 강도 높게 개편해야 하고 시장 개혁도 필요하다는 조언을 남겼다.

디플레이션은 왜 발생하나

　기술이 발달하여 생산성이 높아지면 대량생산이 이루어진다. 그러면 재화와 서비스의 공급이 크게 늘어난다. 공급이 크게 증가하면 가격이 하락해서 디플레이션이 발생할 수 있다. 기술 발전이 디플레이션의 원인이 될 수 있다는 이야기다. 실제로 영국에서 산업혁명으로 인해 디플레이션이 발생하기도 했다. 하지만 현대 경제에서는 사실상 이러한 요인으로 인한 디플레이션은 잘 발생하지 않는다. 더욱이 기술 발전에 의한

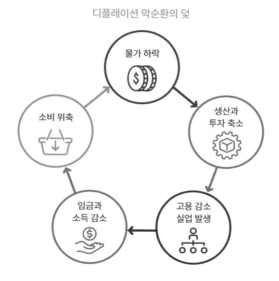

디플레이션 악순환의 덫

디플레이션은 경제 성장과 소득 증대가 동반되어 나타나므로 물가 하락 현상이 오래 지속되지 않는다.

우리가 두려워하는 디플레이션은 '물가 하락→수요 부진'이라는 악순환을 수반하는 경기 불황형 디플레이션이다. 물가가 하락할 것으로 예상되니, 소비자들은 소비를 줄인다. 시장에서 소비가 줄어드니 장사가 안 되고 물가가 더 떨어진다.

이유가 무엇이든 일단 경기 침체가 시작되고 경기 부진이 지속될 것으로 예상되면 사람들은 미래에 대비해서 스스로 허리띠를 졸라맨다. 옷이 안 팔리고 식당이 파리를 날린다. 기업은 신규 투자와 생산을 축소한다. 고용이 감소하고 소득이 줄어든다. 이는 다시 가계의 소비를 위축시키고 물가가 하락하는 악순환의 고리가 형성된다.

디스인플레이션도 있어

디플레이션과 혼동되는 용어로 디스인플레이션disinflation이란 게 있다. 인플레이션 앞에 반대의 뜻을 지닌 '디스dis'라는 접사가 붙으니 디스인플레이션도 물가가 하락하는 현상이며, 결국은 디플레이션과 같은 뜻이라고 오해하기 쉬운데 그렇지 않다.

디스인플레이션이란 인플레이션 현상이 점차 둔화되는 현상을 말한다. 예를 들어 물가 상승률이 5퍼센트에서 4퍼센트, 3퍼센트 식으로 점차 낮아질 때 디스인플레이션이라고 한다. 물가 상승률이 낮아지기는 하지만 여전히 플러스 상태이므로 물가는 오른다. 그래서 디플레이션이 아니다. 두 용어는 다른 개념이다.

지구촌 덮친 R의 공포

글로벌 경제에 'R의 공포'가 짙어지고 있다는 뉴스도 종종 들린다. D의 공포를 넘어 이번에는 R의 공포라니, 이건 또 뭘까?

R은 경기 침체를 뜻하는 영어 단어 'recession'의 첫 글자다. 세계 경제가 침체 국면에 접어들 수 있다는 뜻이다. 2008년 글로벌 금융 위기로 어려움을 겪었던 세계 경제는 우여곡절 끝에 반전에 성공했다. 하지만 이도 잠깐. 미국과 중국이 한 치의 양보 없이 팽팽하게 무역 전쟁을 벌이는 것이 계기가 되어 세계 경제가 다시 침체의 길로 빠질지 모른다는 적신호가 여기저기서 켜지고 있다.

IMF는 미국과 중국의 관세 부과로 인해 양국은 물론이고 세계 각국의 수출과 투자가 위축되어 불황을 가속화할 수 있다고 우려했다. 이에 유럽중앙은행은 화폐 공급을 대폭 늘려 경기 부양에 나서기는 했지만, 단기간에 유럽 경기의 반등을 기대하기는 힘들다고 인정했다. 미국 트럼프 대통령은 미중 무역 분쟁으로 미국 내 경기가 둔화될 가능성이 커졌다며, 중앙은행에 금리를 인하하는 조치를 취할 것을 강력히 요구했다. 경기 침체 가능성을 공식적으로 인정한 셈이다.

중국 경제 역시 불똥을 피할 수 없었다. 경제 성장률이 눈에 띄게 하락했다. 중국 경제의 침체는 중국 시장에 의존하고 있는 우리나라 수출업계에도 충격을 준다. 선진국 경기가 둔화되면 여러 신흥국 경제도 몸살을 앓는다.

금리는 경기를 반영하는 거울

금리, 즉 이자율은 자금의 가격이다. 자금 사정이 좋아지면 금리가 하락한다. 자금 사정이 나빠지면 금리가 상승한다. 그래서 금리를 보면 경제가 어떤 상태인지 파악하는 데 도움이 된다. 실제로 미래 경제를 예측하는 데 금리가 요긴하게 쓰인다.

정기 예금을 생각해보자. 1년 동안 예금하는 경우와 3년 동안 예금하는 경우, 어느 쪽의 예금 금리가 더 높을까? 만기 3년의 정기 예금 금리가 높다. 은행에 돈을 맡기는 기간이 길수

록 예금주는 높은 금리를 기대한다. 은행은 예금주의 돈을 오랫동안 자유롭게 활용하게 되므로 더 많은 수익을 얻을 수 있어 높은 금리를 제공할 여력이 생긴다. 참고로 금융 시장에서는 1년까지의 기간을 단기, 그 이상은 장기로 구분한다.

돈을 빌리는 경우에도 마찬가지 관계가 성립한다. 대출 금리 역시 장기 금리가 단기 금리보다 높은 게 상식이다.

그런데 가끔 이 관계가 역전되어, 장기 금리보다 단기 금리가 오히려 높은 경우가 있다. 장기적으로 자금에 대한 수요가 크지 않아 금리가 낮아질 것이라고 예상될 때다. 자금에 대한 수요가 크지 않다고 예상하는 이유는? 경기가 좋지 않아 기업이 자금을 덜 쓰기 때문이다.

이와 같이 장기 금리가 단기 금리보다 낮아지거나, 설령 그렇게까지 되지는 않더라도 장기 금리와 단기 금리의 격차가 좁아진다면, 이는 장기적으로 경기가 침체될 것이라는 신호라고 전문가들은 해석한다. 그런데 이런 현상이 세계 경제에서 발생하고 있다. R의 공포 우려가 커지는 이유다.

수출 의존도가 높은 우리나라로서는 R의 공포로 인한 충격을 더 크게 받는다. 더욱이 현재 우리나라 경제는 여러 가지 합병증에 걸린 환자에 비유할 만큼 상태가 좋지 않다. 언제 터질지 모르는 시한폭탄 같은 가계 부채 문제가 도사린다. 미래 먹거리를 찾지 못하고 있는 기업들은 투자를 망설인다. 미래 경쟁력이 취약해질 것이라는 신호다. 높은 인건비와 각종 규제를 견디지 못한 기업들은 해외로 탈출하고 있다. 미국과 중국의 무역 전쟁, 경제 발목을 잡고 있는 정치 혼란, 자영업의 몰락 등 그야말로 우리 경제는 지뢰밭 한가운데 놓인 꼴이다.

위기의식을 가져야 한다. 그렇다고 두려움에 떨거나 자포자기해서는 안 된다. 위기를 극복하기 위해서 힘을 모아야 한다는 뜻이다. 경쟁력을 강화하기 위해 과감히 투자에 나서야

178

한다. 미리 대비한다면 D의 공포나 R의 공포는 남의 나라 이 야기로 넘길 수 있다.

L의 공포까지

경제 용어도 유행을 탄다. 그리고 사람들은 끊임없이 새로 운 용어를 만들어낸다. D의 공포니, R의 공포니 하면서 경기 침체를 우려하는 목소리가 빈번하게 들리자 이번에는 L의 공 포라는 용어도 회자되기 시작했다. 역시 뒤에 공포라는 말이 붙었으니 긍정적 현상을 나타내는 말이 아님을 짐작하고도 남 는다.

L은 해고를 의미하는 영어 단어 layoff의 첫 글자다. 경기 가 어려워지자 기업이 근로자를 해고하거나 명예퇴직 등으로 일자리를 줄이고 있다. 이를 L의 공포라고 표현한다. 이번에는 노동 시장을 들여다본 셈이다.

결국 D의 공포, R의 공포, L의 공포는 심각한 경기 불황에 대한 우려를 나타내는 말들이다. 전쟁이나 테러로 인한 공포도 끔찍한데, 경제까지 우리에게 공포를 주는 세상이 되어간다. 정신 바짝 차려야 공포를 현명하게 극복할 수 있다.

바보야, 경제는 심리야

물가는 어떻게 결정될까

"물가가 너무 올라 몇 개 사지도 않았는데 10만 원을 훌쩍 넘게 썼네."

엄마가 식탁 앞에 앉으며 한숨을 쉬신다.

"어쩌겠어. 날씨가 좋지 않아 채소도 값이 오르고, 유가까지 들썩이잖아. 엎친 데 덮친 격, 구제역으로 삼겹살값도 급등했고. 물가가 오르지 않으면 그게 더 이상한 거지."

아빠도 한숨이다.

그런가 하면 물가가 하락해 정부가 대책을 세우고 있다는 뉴스가 들리기도 한다.

물가는 왜 오를까? 또 왜 내릴까?

물가가 어떻게 결정되며, 왜 오르고 내리는지를 이해하려면 가격에서부터 출발해야 한다. 어느 하나의 재화나 서비스 값은 가격이고, 한 나라에서 거래되는 많은 재화와 서비스 가격을 종합해서 하나의 수치로 계산한 것이 물가다.

재화나 서비스 가격이 수요와 공급에 의해 결정된다는 것쯤은 기초 상식이다. 수요가 증가하면 가격이 오른다. 공급이 증가하면 가격이 내린다. 이 정도로 식은 죽 먹기다.

물가가 오르고 내리는 원리도 가격의 원리와 크게 다를 바 없다. 대신 수요와 공급 대신에 총수요와 총공급이란 말을 쓴다. '총總'수요인 이유는 우리나라 시장에서 거래되는 모든 재화와 서비스를 합했기 때문이다. 우리나라 전체의 수요를 나타내기 위해서다. 총공급도 마찬가지다. 우리나라 기업들이 공급하는 모든 재화와 서비스를 다 합한 공급이라는 뜻이다.

총수요가 증가하면 물가가 올라

만약 총수요가 증가하면 물가가 상승한다. 반대로 총공급이 증가하면 물가가 하락한다. 일반적으로 경기가 좋을 때는 물가가 상승하는 경향이 있는데, 이는 경기가 좋을 때 총수요가 증가하기 때문이다.

정부가 물가와 경기를 조절하는 원리를 파악하려면, 한 국가의 총수요를 구성하는 요인들을 해부해볼 필요가 있다. 한 국가의 경제는 가계, 기업, 정부로 구성되므로 총수요를 구성하는 요인도 가계의 수요, 기업의 수요, 정부의 수요다.

가계가 재화나 서비스를 구입하는 행위가 소비다. 기업도 재화나 서비스를 구입하는데 이를 투자라고 한다. 정부가 재화나 서비스를 구입하면 정부 지출이 된다. 이렇듯 가계, 기업, 정부의 재화나 서비스에 대한 수요를 각각 이름을 달리 붙여 구분한다. 소비와 투자와 정부 지출을 합하면 한 국가의 총수요가 된다.

총수요와 총공급이 일치하면 경제가 균형을 이룬다. 우리는 그 조건을 다음과 같이 식으로 정리할 수 있다.

총공급 = 총수요 = 소비 + 투자 + 정부 지출

우리나라는 외국과 무역을 하고 있으므로 순수출(=수출-수입)이라는 항목이 오른쪽 항의 맨 뒤에 추가되어야 한다. 하지만 여기에서는 무역이 없는 단순한 상황만 생각하자.

재정 지출이나 세금을 활용하는 재정 정책

이제 정부가 사용하는 정책을 따져볼 준비가 되었다. 경제 정책의 원리는 알고 보면 매우 간단해 실망스럽기까지 하다.

경기가 나빠 정부가 고민스러운 상황을 생각해보자. 경기가 나쁘다는 것은 총수요가 부진하다는 뜻이다. 경기 침체를 해결하려면 정부는 총수요를 증가시킬 수 있는 방법을 동원하면 된다. 정부가 먼저 떠올릴 수 있는 방법이 재정 지출을 늘리는 것이다. 이는 즉시 정부 지출 항목을 증가시키므로 총수요가 증가한다.

정부가 총수요를 늘리는 다른 방법으로는 세금 조절이 있다. 정부가 세금을 인하하면 총수요가 증가한다. 세금이 줄어들면 가계가 사용할 수 있는 처분 가능 소득이 증가하여 소비를 늘릴 여력이 생기는 것이다. 만약 정부가 기업이 부담하는 세금, 즉 법인세를 인하하면 기업의 투자가 증가한다. 이처럼 세금 인하는 소비나 투자를 촉진하므로 총수요가 증가한다.

총수요를 구성하는 식만 이해하고 있다면, 매우 간단한 원리가 아닐 수 없다.

반대로, 정부가 재정 지출을 줄이거나 세금을 인상하면 총수요가 억제된다. 그 결과 물가가 안정되고 경기가 둔화된다.

이와 같이 정부가 재정 지출이나 세금을 조절해서 경기와 물가에 영향을 미치려는 정책을 재정 정책이라고 부른다.

한국은행이 활용하는 통화 정책

정부가 쓸 수 있는 정책 수단이 하나 더 있다. 이자율, 즉 금리와 통화량을 조절하는 통화 정책이다. 여기서 정부는 구체적으로 말하면 각 나라의 중앙은행, 우리나라의 경우는 한국은행이다.

통화 정책을 자세히 들여다보기 전에 통화라는 말에 대해서 알아보자. 돈, 화폐, 통화는 같은 뜻인 듯 다른 뜻인 듯 애매할 것이다. 거래할 때 사용하는 돈을 경제학에서는 화폐money라고 부른다. 일반인은 돈과 화폐를 굳이 구분하지 않는다. 통화currency는 시중에 유통되는 화폐라는 뜻으로서, '유통화폐'의 준말이다. 경제 용어는 헷갈리고 복잡하다는 하소연이 나오는 것도 무리가 아니다.

한국은행은 경기에 활력을 불어넣고자 할 때 금리를 낮춘다. 금리 인하가 어떻게 총수요를 늘려 경제에 활력을 줄 수 있는지 짐작이 가는가?

금리가 낮아지면 사람들이 저축하려는 동기가 줄어든다.

예금해서 받을 수 있는 이자가 줄어드니 손해 보는 느낌마저 든다. 차라리 돈을 쓰는 편이 낫다고 생각하는 사람들이 생겨난다. 결국 저축이 감소하고 소비가 증가한다. 소비가 증가하니 기업은 장사가 잘되고 생산이 활발해져 경기가 회복된다.

이게 효과의 전부가 아니다. 금리가 낮아지면 대출받을 때 갚아야 할 이자 부담이 줄어든다. 이 기회에 빚을 내서라도 내 집을 장만하거나 집을 넓히려는 사람들이 생겨난다. 주택 거래가 활발해지고 건설 시장도 활성화된다.

기업도 금리 인하를 반긴다. 대출 이자 부담이 줄어드니 새로 대출을 받아 그동안 망설였던 신규 투자를 과감히 단행하는 기업들이 생겨난다.

이와 같이 금리가 낮아지면, 소비가 늘든지 투자가 늘든지 한다. 어찌 되었든 총수요가 증가한다.

반대로 경기가 호황인 경우도 생각해볼 수 있다. 근래 우리 경제는 경기 침체로 인한 고민만 해왔지, 경기 호황을 고민한 적이 없어 이게 무슨 문제인지 이해하지 못하는 사람도 있을 것이다. 하지만 과거 우리 경제가 고성장할 시기에는 가끔 경기 과열을 염려하는 소리가 들려오곤 했다. 경기가 과열되면 장사는 잘되어 좋지만 심한 인플레이션이 발생하는 부작용이 수반되기 때문에 이 역시 그리 반가운 소식은 아니다.

한국은행이 물가와 경기를 조금 진정시킬 필요가 있다고 판단했다고 해보자. 이 목적을 위해 한국은행은 금리 인상이라는 칼을 빼 든다. 앞에서와 상반되는 현상이 나타나 경기가 진정되고 물가가 안정된다.

그렇다고 뜨거웠던 경기를 너무 식혀서, 경기가 침체 상태로 들어가게 해서도 안 된다. '적당히' 식혀야 한다. 말하기는 쉽지만 까다로운 일이다. 경기라는 게 부처님 손바닥 안에 있는 손오공이 아니다. 한국은행이나 경제 전문가들이 신神은 아니다. 경기를 적당히 식히려고 쓴 정책으로 경기가 싸늘하게 식을 우려가 있다. 반대로 경기를 부양하려다가 과열로 이어질 수도 있다.

일부 경제학자들은 사람의 힘으로 경기를 원하는 상태로 섬세하게 조정하는 일은 불가능하다고 믿는다. 금리를 올렸다 내렸다 함으로써 기대와는 달리 오히려 경제가 더 불안정해진다고 지적한다. 그래서 이들은 중앙은행이 경기에 따라 금리를 조정하지 말고, 미리 규정을 정해놓고 세상에 공표한 그 규정에 따라서 통화 정책을 일관되게 유지하는 편이 경제 안정화에 장기적으로 더 도움이 된다고 주장한다.

간단한 원리, 꼬이는 현실

경제 정책의 원리가 이렇게 간단했었나? 이제 자신감을 가져도 좋지만 자만해서는 안 된다. 이게 다라면 경제가 아니다. 이 외에 정부가 고려해야 할 것이 수두룩하다. 부작용도 피해야 하고 해당 시기의 경제 환경에 따른 제약 요소들도 따져야 한다. 여간 어려운 일이 아니다. 경제 전문가들이 문제를 시원히 해결하지 못하는 속사정이 여기에 있다.

예를 들어보자. 경기를 부양하려면 재정 지출을 늘려야 하지만 정부 곳간에 돈이 있어야 실행이 가능하다. 만약 돈이 없다면 재정 지출을 늘리고 싶어도 늘릴 도리가 없다. 세금을 더 거두면 된다지만 국민들이 싫어한다.

국민에게서 세금을 더 거두는 방법에도 문제가 있다. 세금이 늘어나면 국민의 주머니가 얇아진다. 소비가 줄어들어 경기 회복에 찬물을 끼얹는다. 경기를 살리려고 시행한 재정 정책이 소비에 악영향을 미쳐 경기 회복을 지연시키는 모순적 결과를 초래할 수 있다. 마치 '병 주고 약 주는' 꼴이다. 이런 이유로 정부는 재정 정책이라는 칼을 빼지 못하기도 한다.

이때 금리 인하 방안이 떠오른다. 그런데 금리가 내려가더라도, 가계 소비와 기업 투자가 정부의 기대만큼 늘지 않을 수

있다는 게 문제다. 어차피 수요를 만들어내는 주체는 가계와 기업인데, 이들이 정부의 바람대로 움직여주지 않으면 금리를 인하해도 말짱 도루묵이다. 정부가 소비와 투자를 강요할 수도 없는 노릇이다.

"경제는 심리다!"라는 말이 있다. 경제 상황에 대한 사람들의 인식과 심리 상태가 실제 경제 성과에 중요한 영향을 미친다는 뜻이다. 그러니 경제 운용에서도 사람들의 심리를 고려해야 한다. 경제와 심리 이야기를 더 이어가기 전에 잠시 그리스 신화 속으로 들어가보자.

피그말리온 효과

옛날 키프로스섬에 한 조각가가 살았다. 그의 이름은 피그말리온. 너무나 조각을 사랑해서였을까? 그는 세상의 여자들에게서 아름다움을 느끼지 못했다. 그의 눈에는 여자의 아름다움보다 부족한 점이 먼저 들어왔다. 그는 어떤 여자도 사랑할수 없을 것 같았다.

피그말리온은 자신이 사랑할 수 있을 만큼 아름답고 사랑스러운 여인을 조각하기 시작했다. 노력은 헛되지 않았다. 키프로스섬의 아침 바다보다 눈부시고 찬란한 여인상이 모습을 드러냈다. 피그말리온은 여인상과 사랑에 빠졌다. 볕이 좋은 날에는 들에 나가 고운 꽃다발을 만들어 조각상 앞에 바쳤다. 너무 사랑스러워 조각상의 손을 잡고 입을 맞출 때도 있었다. 하지만 아무리 아름답고 사랑스러워도 그녀는 어디까지나 생명이 없는 조각물에 지나지 않았다.

그러던 어느 날, 섬에서 소원을 비는 축제가 열렸다. 피그말리온은 간절히 기도했다. 그녀를 자신의 아내로 맞이할 수 있게해달라고 빌고 또 빌었다. 집으로 돌아와 그는 다시 그녀의 손을 잡았다. 이룰 수 없는 사랑의 슬픔만큼 그녀를 꼭 껴안았다. 그리고 입을 맞추었다. 그는 너무 놀라 뒤로 물러섰다. 조각상에서 체온이 느껴졌다. 그녀의 심장이 뛰고 있었다. 그의 애절한 사랑에 감동한 베누스 여신이 여인상에게 생명을 불어넣었던 것이다. 이후 피그말리온은 사람이 된 그녀와 결혼했다.

이 이야기는 간절히 바라면 이루어진다는 것을 설명할 때 자주 인용된다. 그러한 현상을 '피그말리온 효과'라고 부른다. 교육학에 자주 등장하는 용어다. 스스로 학습 능력이 낮다고 생각하는 집단과 학습 능력이 뛰어나다고 여기는 집단을 비교해보면, 후자의 학습 성과가 더 높다는 것이다. 이는 다른 말로 기대 효과 또는 자기실현적 예언self-fulfilling prophecy이라고도 한다.

피그말리온 효과가 나타나는 이유는 이렇다. 사람들은 다른 사람의 기대나 믿음에 부응하고자 노력하고 자신의 행동을 수정하는 경향을 보인다. 이러한 노력이 결국 긍정적 효과를 낳아 기대나 믿음이 실제로 실현되는 식이다.

예를 들어, 사람들이 A를 품위 있는 사람이라고 생각한다고 하자. 사람들이 자신을 그러한 부류의 사람으로 기대한다는 사실을 아는 A는 그 기대에 걸맞은 행동을 하려고 노력한다. 그 결과 A는 실제로 품위 있는 사람이 된다.

교과서 속 경제 원리를 뒤집는 심리의 힘

자기실현적 예언 현상은 경제에서도 중요한 역할을 한다. 앞서 언급한 금리가 내려갔는데도 소비와 투자가 늘어나지 않는 상황을 다시 살펴보자.

경기가 침체되어 국민들의 생활이 점점 미궁 속으로 빠진다. 한국은행은 대책을 논의하고 경기를 활성화하기 위해 금리 인하 정책을 발표한다. 다음 날 아침, 언론은 금리를 내렸다는 한국은행의 발표에 대해 환영할 만한 일이라며 논평을 한다.

그러나 시간이 지나도 좀처럼 경기가 살아날 조짐이 보이지 않는다. 금리 인하에도 소비와 투자, 즉 총수요가 늘어나지 않은 탓이다.

소비를 늘리고 투자를 하는 주체는 정부가 아니라, 소비자와 기업이다. 만약 소비자와 기업이 앞날의 경제 상황을 여전히 비관적으로 본다면, 경기 회복에 대한 확신이 서지 않는다면, 한국은행이 금리를 내려도 소비자는 소비를 늘리지 않으며 기업도 투자에 나서지 않는다.

결국 한국은행이 금리 인하라는 칼을 휘둘렀음에도 불구하고 경기 침체는 지속된다. 그 결과 사람들의 예상이 진짜 현실이 되어버린다. 경제 주체들의 부정적인 심리 상태가 경제 현실을 부정적인 쪽으로 더욱 몰고 간 것이다. 마음의 힘이 교과서 속 경제 이론을 뒤집는 순간이다.

이런 이유 때문일까? 경제 문제와 관련한 TV 시사 프로그램을 보면, 정부 측 대표로 나온 토론자는 우리 경제의 발전 가능성과 희망을 강조하는 경향이 있다. 사람들이 비관적으로 생각하지 않도록 유도하기 위해서다.

비단 경제 문제가 아니더라도 이왕이면 매사를 긍정적으로 생각하는 것이 좋다. 그러면 그런 방향으로 나아가게 된다.

정책 배틀,
재정 정책과 통화 정책

인생 최악의 질문

"엄마가 좋아, 아빠가 좋아?"

어렸을 적에 누구나 들어봤음 직한 질문이다. 사람들은 서열을 정하고 평가하기를 좋아한다. 그렇다 하더라도 부모 가운데 하나를 선택하라니, 생각해보면 가혹한 질문이다.

"엄마, 아빠 다 좋아요."

"어떨 때는 엄마, 어떨 때는 아빠요."

솔로몬의 지혜를 가진 아이들은 이런 식으로 답하며 곤란한 상황을 벗어난다. 하지만 이 대답은 질문을 던진 사람이 기대하는 바가 아니다.

경제학에서도 이에 못지않게 어렵고 경제학자를 곤란하게
만드는 질문이 하나 있다. 경제 정책에 대한 질문이다.

"재정 정책이 좋아요, 통화 정책이 좋아요?"

경기에 영향을 미치고 경제 목표를 달성할 수 있는 수단으
로 두 가지 정책이 있다고 했으니, 이 둘 가운데 어떤 정책이
더 좋은지 궁금하지 않겠는가. 경제학자들도 이에 대해서 많이
고민하며 솔로몬의 답을 내놓기 위해 연구한다.

하지만 여전히 답하기 어려운 질문이다. 만약 명쾌한 답이

있었다면, 두 정책 가운데 더 안 좋은 평가를 받은 정책은 이미 역사 속으로 사라지지 않았을까? 아직도 두 가지 정책이 나란히 경제학 교과서의 지면을 차지한다는 것 자체가 하나를 고르기 어렵고 굳이 고르는 일이 현명하지 못하다는 방증이리라.

그럼에도 이 질문에 답을 기대하는 사람들이 많다. 부분적으로라도 답해야 할 의무가 경제학자에게는 있다. 이에 답하려면 몇 가지를 먼저 생각해야 한다.

"좋은 정책의 정의가 무엇이지?"

"정책의 좋고 나쁨을 어떻게 평가할 수 있지?"

평가 기준이 필요해

평가를 위해서는 먼저 좋은 정책을 판단하기 위한 기준이 필요하다. 다섯 가지 평가 기준을 생각해볼 수 있다.

첫째, 내부 시차다. 경제에 문제가 있음을 인식하고 적합한 정책을 마련하고 실행하기까지 걸리는 시간을 말한다. 현실 경제는 빠르게 변하며 경제 문제로 고통을 받는 국민이 다수 존재하므로, 내부 시차가 길면 결코 좋은 정책이 될 수 없다.

둘째, 외부 시차다. 정부가 정책을 실행한다고 다음 날 바로 효과가 나타나지는 않는다. 어느 정도의 시간이 필요한데,

효과가 나타날 때까지 걸리는 시간이 외부 시차다. 정책이 민간 부문의 의사결정에 영향을 미쳐 생산이나 고용에 신속하게 효과를 낳는 것이 바람직하므로 외부 시차 역시 짧은 게 좋다.

셋째, 정책 효과의 예측 가능성을 들 수 있다. 경제 정책이 정부가 기대한 대로 효과를 내야 좋은 평가를 받을 만할 것이다.

넷째, 정책의 중립성 여부다. 시장 경제에서 정책으로 인해 소비자, 기업, 산업의 자원 배분이 비효율적으로 왜곡된다면 좋은 정책이라 평가하기 어렵다.

마지막 기준은 정책의 전환 가능성이다. 경제 여건이 변하여 해당 정책이 더 이상 필요하지 않게 되었을 때 정책을 종료하거나 반대 방향의 정책을 사용하기 용이해야 좋은 정책이다.

통화 정책의 시차가 상대적으로 짧아

이제 다섯 가지 기준에 따라 재정 정책과 통화 정책을 비교하고 평가해보자.

정책을 시행할 때까지 필요한 내부 시차 측면에서는 재정 정책이 분명 불리하다. 삼권분립의 원칙을 가진 우리 정부가 재정 정책을 실행하려면 반드시 국회의 심의와 통과 절차를 거쳐야 하기 때문이다. 더욱이 정치권의 갈등이 있을 경우 내부 시차는 하염없이 길어지고 정책 자체의 채택 여부마저 불확실해진다.

이에 비해 통화 정책의 내부 시차는 상당히 짧은 편이다. 한국은행은 매달 열리는 금융통화위원회에서 7명의 위원들이 다수결로 이자율 변경에 대한 의사결정을 신속하게 처리한다. 통화 정책은 그것으로 끝이다. 국회의 동의나 정부 또는 대통령의 재가가 필요 없다.

정책 효과가 나타나기까지 소요되는 외부 시차의 문제는 내부 시차보다 더 복잡하다. 재정 정책이라 하더라도 구체적으로 어떤 정책인지에 따라서 소요되는 기간이 달라진다. 정부가 직접 구매하는 '정부 소비'라면 외부 시차는 비교적 짧다. 정부가 예산을 집행하면 민간 부문의 생산 활동이 바로 늘어나는 반응을 보인다.

이와 다르게 재정 지출이 사회간접자본과 관련된 것이라면 꽤 시간이 필요하다. 예컨대 철도나 고속도로의 건설은 계획 수립, 계약 체결, 건설 시작까지 절차가 오래 걸린다.

재정 정책으로 세율을 변경하는 경우에는 정부가 어떤 종류의 세금을 변화시켰는지에 따라서 외부 시차가 달라진다. 개인소득세의 경우에는 비교적 효과가 빠르게 나타나지만 법인세는 일반적으로 효과가 늦게 나타난다.

통화 정책 역시 외부 시차가 길다. 이자율을 인하한 효과가 드러나기 위해서는 기업이 투자를 늘려야 하는데, 기업의 투자는 일반적으로 장기간의 계획이 필요하고 새 공장을 건설하려 해도 완공까지 오랜 시간이 필요하다.

나라와 정치·경제 상황에 따라 다르지만 외국에서 이루어진 연구에 의하면 내부 시차와 외부 시차를 모두 합칠 경우 통화 정책은 3개월에서 1년 정도의 시간이 걸리고, 재정 정책은 1년 이상의 시간이 걸리는 것으로 나타났다.

집요한 질문에 싱거운 대답

이번에는 정책 효과의 예측 가능성으로 두 정책을 비교해보자. 재정 정책으로 개인소득세를 인하할 경우 소비자가 소비를 늘릴지의 여부는 불확실하다. 만약 소비자가 세금 인하를 영구적인 것으로 본다면 소비가 늘어나는 효과가 크겠지만 일시적인 것으로 본다면 소비 증가 효과는 작을 수 있다.

재정 지출의 경우에는 구축 효과 문제가 있어 긍정적 효과의 크기가 불투명하다. 재정 지출이 늘어날 때 그만큼 민간 부문의 자금 사정이 악화되어 소비나 투자가 위축된다면, 재정 지출의 긍정적 효과가 반감되거나 상쇄될 가능성이 있다는 뜻이다.

통화 정책도 이자율이 낮아질 때 기업이 얼마나 투자를 확

198

대할 것인지에 따라서 효과가 달라진다. 일반적으로 통화 정책은 투자를 위축시키는 데에는 효과적이다. 다시 말하면 한국은행이 이자율을 인상하면 기업은 이에 민감하게 반응하여 투자를 줄인다. 늘어난 이자가 부담스럽기 때문이다.

그러나 투자를 확대하는 데에는 통화 정책이 덜 효과적인 것으로 알려져 있다. 즉, 한국은행이 이자율을 인하하더라도 기업은 투자를 늘리는 데 주저하는 경향이 있다. 비록 이자 부담은 줄었지만, 오죽하면 이자율을 내렸겠느냐며 현재 경기가 그만큼 어렵고 회복도 쉽지 않다고 생각하기 때문이다. 이처럼 통화 정책의 효과는 이자율 인상이냐 인하냐에 따라서 비대칭적인 모습을 보인다.

네 번째 기준인 정책의 중립성 측면에서 볼 때 재정 정책, 특히 조세를 통한 정책은 높은 점수를 얻지 못한다. 조세 체계는 워낙 복잡해서 모든 사람을 만족시키거나 모든 사람에게 동일한 영향을 미치는 조세 개편 방법을 찾는다는 게 사실상 불가능하다. 재정 지출도 특정 집단에 유불리 문제를 초래한다.

이에 비해 통화 정책은 자의적이지 않으며 시장 전체에 영향을 골고루 미친다. 그리고 통화 정책의 효과는 시장을 통해 자연스럽게 파생된다. 물론 한국은행이 이자율을 인상하면 대출을 받으려는 입장으로서는 불만족스럽겠지만, 한국은행이 특정한 집단을 대출받지 못하게끔 하거나 특정 산업의 신규 투자를 포기하도록 만들지는 않는다. 모든 것이 시장에서 개별 경제 주체의 판단에 의해 이루어질 뿐이다.

마지막으로 정책의 전환성이다. 재정 정책은 한번 시행되면 반영구적으로 지속되는 경향이 있다. 백번 양보하더라도 시행된 재정 정책을 되돌리기는 매우 어렵다. 세금을 감면했다가 다시 인상한다거나 복지 지출을 늘렸다가 다시 삭감하면 국민들의 반감을 사기 때문이다.

통화 정책도 정책을 전환하는 데에 고통이 따르지만 재정 정책에 비하면 크지 않다. 중앙은행이 정치권으로부터 독립되어 있을수록 통화 정책을 되돌리는 데에 따르는 어려움이 적다.

이상을 종합하면 전반적으로 통화 정책이 재정 정책보다 높은 점수를 얻는다고 할 수 있다. 과거에는 경기를 조절하기 위해 재정 정책이 자주 사용되었지만 오늘날에는 많은 경제학자가 경기를 조절하기 위한 목적으로 통화 정책을 선호한다. 대신 재정 정책은 노동자의 근로 의욕이나 기업의 이윤 추구 동기에 영향을 미쳐, 경제의 생산 능력을 높이고 장기 성장을 이루는 데에 더 적합한 수단이다. 물론 경제 여건이나 시기에 따라 평가 결과는 전혀 다른 모습이 될 수 있음을 잊지 말아야 한다.

4부

글로벌 시민이라면
꼭 알아야 할
금융의 세계

리디노미네이션

짜장면이 5원이라면?
스마트폰이 1000원이라면?

경 다음에는 해다

다음 숫자를 읽어보자.

1,730,398,500,000,000원과 4,530,766,100,000,000원.

앞의 것은 2017년 우리나라 GDP이고, 뒤의 것은 그해 우리나라 통화량(광의 유동성)이다. 이런 통계 수치를 외워야 한다는 뜻이 아니라, 읽는 데 얼마나 어려운지 체험해보자는 것이다. 한참 걸릴 뿐 아니라 헷갈린다. 각각 약 1730조 원, 약 4531조 원이다.

이보다 더한 것도 있다. 금융 회사들 사이에 이루어지는 결제 금액은 '경' 단위로 넘어선 지 오래다. 1경은 1조의 1만 배이자, 숫자로 표시하려면 0이 16개가 필요한 어마어마한 단위다. 조금 더 있으면 다음 단위인 '해'까지 등장할 판이다.

국가 통계는 그렇다 치자. 한 가족이 오랜만에 외식하러 나가면 그리 비싼 식당이 아닌데도 식사비가 10만 원을 훌쩍 넘는 경우가 있다. 미국에 여행 가려고 환전할 때면 "왜 1달러에 1000원이 넘나" 싶어 뭔가 심기가 불편하다. 게다가 환율 전광판에서 다른 나라 돈은 1달러에 대한 환율이 기껏해야 두 자릿수인 것을 보면 왠지 기분이 개운치 않다.

외국 관광객이 우리나라에 와서 쇼핑을 할 때 겪는 어려움 가운데 하나가 환율이 높아 물건값을 계산하는 데 시간이 오래 걸린다는 점이라고 한다. "이 나라는 왜 돈의 가치가 이 모양이야!" 하면서 우리나라를 깔보는 것 같은 느낌이 들 때도 있다.

만약 우리나라 돈의 가치가 지금보다 1000배 높으면 1달러에 1원 정도로 환전할 수 있을 것이다. 그러면 온 가족의 식사비도 10만 원이 아니라 100원 정도면 된다. 1000원이면 스마트폰을 살 수 있다.

각국 리디노미네이션 사례

불가능한 일은 아니다. 리디노미네이션redenomination이 해법이다. 이는 돈의 액면 단위를 통째로 변경하는 것을 말한다. 디노미네이션denomination은 돈의 액면 단위라는 뜻인데, 그 앞에 '다시'를 뜻하는 '리re'라는 접사를 붙이면 '액면 단위를 다시 정한다'는 뜻이 된다.

예를 들어, 현재 돈 1000원을 1원으로 변경하는 것이 리디

노미네이션이다. 그러면 2만 원인 피자는 20원이 되고, 500만 원짜리 중고차는 5000원이 된다. 모든 자산의 실질적인 가치는 변하지 않고, 액면가만 제각기 1000분의 1로 줄어드는 것이다.

물론 꼭 1000 대 1로만 변경해야 하는 것은 아니다. 사정에 맞게 다양한 비율로 리디노미네이션을 실시할 수 있다. 만약 1만분의 1로 줄이는 리디노미네이션을 하면, 피자는 2원이 된다.

현재 어떤 음식점에서는 가격을 10.0, 21.5 식으로 표시해

각국 리디노미네이션 사례

국가	시행 시기	교환 비율
터키	2005년 1월	100만 : 1
루마니아	2005년 7월	1만 : 1
아프가니스탄	2003년	1346 : 1
이탈리아	2002년	1936 : 1 (유로화 전환)
러시아	1998년	1000 : 1
불가리아	1999년	1000 : 1
폴란드	1995년	1만 : 1
유고슬라비아	1994년(두 차례)	10억 : 1, 1300만 : 1
브라질	1994년	2750 : 1

놓고 있다. 이것이 각각 10원과 21.5원을 뜻하지 않음을 우리는 잘 안다. 이들 음식점이 자체적으로 액면가를 1000분의 1로 줄여 간단히 표기해놓은 것이다. 국민들이 현재의 화폐 가치에서 불편을 느끼고 있음을 확인할 수 있는 좋은 사례다.

리디노미네이션이 필요한가?

우리나라도 과거에 몇 차례 리디노미네이션을 실시했다. 한국전쟁으로 물가가 너무 오르자 1953년에 화폐 단위를 '환'으로 변경했다. 그리고 1962년에는 다시 지금의 '원'으로 바뀌었다.

우리나라에서 리디노미네이션을 한 차례 더 할 때가 되었다는 얘기는 잊을 만하면 나온다. 물론 지금의 우리 경제가 과거처럼 리디노미네이션이 시급하거나 반드시 해야 하는 상황은 아니다. 그럼에도 리디노미네이션의 필요성이 꾸준히 제기되는 데에는 몇 가지 이유가 있다.

우선 우리 돈의 위상 제고와 원화의 국제화에 도움이 된다는 주장이다. 이에 대해서 더 들여다보기 전에 베트남으로 잠시 여행을 떠나보자.

베트남의 화폐 단위는 '동'이다. 베트남 현지 시장을 방문하니 트레이닝 바지 한 벌이 22만 동, 운동화 한 켤레가 40만 동이다. 명품 바지나 명품 운동화인가? 아니다. 평범한 수준이다. 식당에서 음료수를 주문하면 보통 3만 동 정도 한다. 물가가 비싼 탓도 아니다. 이 음료수는 우리 돈으로 환산하면 1500원이다. 미화로는 1달러 남짓에 불과하다. 그럼에도 이와 같이 높은 수치의 가격을 보면 어떤 생각이 드는가? 한눈에 읽기도 힘들 뿐 아니라, 뭔가 경제에 문제가 있어 보이며 잘사는 나라라는 느낌과도 거리가 있다.

우리나라에 와서도 같은 생각을 하는 외국인이 있지 않을까? 그들의 눈에 우리나라가 저개발국 같아 보이지 않을까? GDP 기준 세계 11위의 우리나라 경제 규모나 위상에 비해서 돈의 가치가 너무 없다. OECD 국가 가운데 달러 환율이 1000원을 넘는 나라는 우리나라가 유일하다. 외국인이 1000달러만 들고 한국에 오면 당장 '백만장자'가 될 수 있다는 농담은 우리를 슬프게 한다.

우리의 경제 규모가 커지다 보니 앞에서 보았듯이 통계 수치가 수천 조까지 가는 일이 자주 발생하고 있으며, 얼마 안 가 많은 통계에서 '경'을 사용해야 할 실정이다. 통계를 작성하는 것도 불편할 뿐 아니라 국민들이 이해하는 데에도 어려움을 겪는다. 일상생활에서도 물건 가격이 높아지면서 자릿수가 늘어

우리나라 화폐 개혁의 역사

시기	주요 내용
1950. 8. 28	• 북한군이 한국은행 본점에서 약탈한 화폐 유통을 정지시키는 것이 목적 • 기존 조선은행권을 한국은행권으로 교환
1953. 2. 15	• 물가 안정을 위해 100 대 1로 액면 절하 • 통화 및 예금 동결과 인출 제한 • 화폐 단위를 '원'에서 '환'으로 변경
1962. 6. 10	• 10 대 1로 액면 절하하고, 화폐 단위를 '환'에서 '원'으로 변경 • 퇴장 자금을 산업 자금으로 전환시키는 것이 목표 • 통화와 예금 동결 및 부분 인출 허용

나고 계산할 때 불편이 따른다. 또한 고액권 발행이 필요해진다는 문제점도 있다. 현재 우리나라에서 최고액권은 5만 원권이지만 거래 규모가 커지면 더 큰 고액권이 나와야 할지도 모른다.

난 반댈세

한편 리디노미네이션을 반대하는 목소리도 만만치 않다. 반대 의견을 표명하는 사람들은 첫 번째로 물가 상승을 우려한다.

예를 들어 현재 950원 하는 아이스크림은 1000 대 1로 리디노미네이션을 하면 0.95원이 된다. 하지만 상인들이 우수리를 절상해서 아이스크림 가격이 1원이 될 가능성이 있다는 것이다. 이런 식으로 가격이 오르면 물가도 따라서 오른다.

한편 소비자 입장에서는 1000원이던 물건의 가격이 1원으로 떨어진 결과, 가격이 저렴해졌다는 착각에 빠져 헤프게 소비하는 사람들이 많아진다. 사람들이 합리적이라면 이런 착시 효과로 소비가 증대되지 않겠지만, 안타깝게도 사람은 완벽하게 합리적이지 못하다.

그런데 이와 같은 반대 근거가 현재로서는 오히려 리디노미네이션을 주장하는 사람들에게 좋은 구실을 주고 있다. 디플레이션이 우려될 만큼 물가가 안정적이고 소비도 부진할 때 리디노미네이션을 실시하면 경기 회복에 도움이 된다는 논리다.

리디노미네이션을 하면 당연히 지금 우리가 쓰고 있는 지폐를 모두 새 지폐로 교체해야 한다. 새 돈을 제조하는 데 비용이 들며, 은행 ATM이나 각종 자동판매기도 모두 교체 대상이다. 컴퓨터 시스템 역시 변경해야 한다. 이처럼 리디노미네이션에 비용이 많이 필요하다는 것도 반대 논리 가운데 하나다. 실제로 전문가들은 관련 비용이 3조 원에 이를 것으로 추정한다.

마지막으로 뇌물을 주기 편리해져서 부정부패가 증가할 것이라는 우려도 있다.

마냥 미룰 수만은 없는 일

　찬반 논란 속에서 정부는 리디노미네이션을 일단 나중으로 미루었다. 대신 지폐를 두툼하게 지갑에 넣고 다녀야 하는 불편을 해소하려고 5만 원권을 새로 발행했다. 2009년의 일이다. 가장 최근에 나왔지만 현재 시중에 유통되는 돈의 85퍼센트가 5만 원권일 정도로 대세 지폐가 되었다.

　5만 원권이 나오기 전까지 36년 동안 우리나라의 최고 액면 금액은 1만 원이었다. 1만 원권이 처음 나왔을 때의 가치를

주요국의 최고액권 현황

구분	최고액권	원화 가치
싱가포르	1만 싱가포르 달러	700만 원
EU	500유로	76만 원
미국	100달러	12만 원
일본	1만 엔	11만 원
캐나다	100캐나다 달러	9만 원
중국	100위안	1만 5000원
한국	5만 원	5만 원

* 외국 최고액권의 가치는 환율에 따라 달라짐.

지금 물가로 환산하면 13만 원에 해당한다. 물가가 13배 이상 오르고 국민소득이 150배 이상 증가하는 등 경제 규모가 커지는 동안 최고 액면 금액이 1만 원으로 유지되다 보니 국민들이 일상생활에서 느끼는 불편이 이만저만이 아니었다.

그래서 거래가 잦은 사람들은 자기앞수표를 사용했다. 5만 원 권이 나오기 전까지는 특히 10만 원짜리 자기앞수표가 참 많이 쓰였다.

자기앞수표와 5만 원권

자기앞수표는 지폐만 한 크기이며, 금액과 은행 이름이 적혀 있다. 은행에 갖고 가면 적힌 금액에 해당하는 현금을 받을 수 있다고 약속한 증서다. 그 금액은 10만 원일 수도, 100만 원, 1억 원일 수도 있다. 단 한 장으로 원하는 금액을 거래할 수 있어 편리하다. 그래서 지금도 큰 금액을 거래할 때는 자기앞수표를 주고받는다.

하지만 자기앞수표는 사용할 때마다 이름과 주민등록번호, 전화번호를 적어야 하는 번거로움이 있다. 비용도 문제다. 소유주가 여러 차례 바뀌고, 은행에 들어갔다가 다시 시중에 유통되는 등 수명이 긴 지폐와는 달리, 수표는 한 번 은행으로 들어가면 그것으로 끝나는 '일회용'이다. 은행 입장에서도 받은 수표를 교환하고 전산 처리를 하는 데 많은 시간과 비용을 들여야 하며, 사용한 수표를 의무적으로 보관해야 하는 등 여러모로 비효율적이다.

5만 원권의 등장은 이러한 불편함을 날려버렸다. 자기앞수표를 사용하는 경우가 크게 줄었다. 거래를 위해 두툼한 지갑을 갖고 다녀야 하는 불편함도 어느 정도 해소되었다. 5만 원권 1장을 발행하면 1만 원권 5장을 발행하지 않아도 되는 셈이다. 화폐 발행 및 유통 비용이 연간 600억 원 정도 줄었다고 한다.

거래에서의 불편함은 5만 원권 발행으로 어느 정도 해결됐다. 그렇다고 하더라도 우리 돈의, 우리 경제의 낮은 위상 문제와 통계의 불편함 문제는 여전히 남는다. 그래서 리디노미네이션에 대한 논의는 여전히 진행형이다.

경제가 고혈압에
걸렸을 때

돈과 마약의 공통점

오늘날 마약이 심각한 사회 문제로 대두되고 있다. 마약으로 얻는 극도의 쾌락은 순간에 불과하다. 약효가 떨어지면 더 많은 양의 마약을 원하게 되고, 마약 복용자들은 점점 깊은 수렁으로 빠져든다.

경제에도 흡사 마약과 같은 것이 있다. 돈이다.

사람들이 살기 어렵다고 불만을 표출하고 경기가 좋지 않다며 상인들이 울상을 지을 때, 이들을 달래주고 환심을 사려고 돈을 찍어서 시중에 공급하는 정부가 가끔 있다. 돈이 풍부하게 유통되니 한층 살 것 같다. 국민들의 불만도 가라앉는다. 그러나 잠시뿐이다. 과도하게 공급된 돈은 인플레이션이라는 부메랑이 되어 돌아와 경제를 한층 더 어렵게 만든다.

인플레이션이 발생하면, 그 발생 원인에 따라서 처방이 달라진다. 그런데 원인에 관계없이 공통적으로 적용할 수 있는 처방이 하나 있다. 중앙은행이 시중에 유통되는 화폐의 양, 즉 통화량을 줄이는 것이다. 마치 의사가 모든 고혈압 환자에게 소금 섭취량을 줄이고 운동을 하라는 것처럼, 경제학자들이 내놓는 기본 인플레이션 처방전은 통화량 긴축이다.

로마제국과 스페인의 교훈

과도한 화폐 공급이 인플레이션을 유발하는 주범이라는 것은 오랜 역사를 통해 여러 나라에서 실제로 드러난 진리다.

고대 로마가 발행한 은화는 데나리온이라는 화폐였다. 대제국을 유지하는 데 로마는 비용이 많이 필요했다. 이 비용을 조달하기 위하여 세금을 인상하면 시민의 마음을 잃을 게 뻔했다. 그래서 로마는 돈을 찍어내는 방법을 선택했다. 그 대가로 황제와 관료들은 만성적인 인플레이션 때문에 골치를 앓아야 했다. 그 피해는 고스란히 로마 시민들에게 돌아갔다.

16세기 유럽, 아니 세계 최강국은 스페인이었다. 대항해 시대를 이끈 바로 그 나라다. 금과 향료로 유명한 인도와 더 효율적으로 교역하면 좋겠다는 생각에, 스페인은 인도로 가는 새로운 항로를 개척하기 시작했다. 이를 위해서 탐험가들에게 돈을 아끼지 않고 지원했다. 관심과 지원은 결실을 맺었다. 우연히 아메리카 대륙을 발견한 것이다. 이 발견으로 스페인의 위력은 하늘을 찌를 듯했다. 아메리카 식민지에서 수탈한 금과 은이 스페인으로 대량 유입되었다.

당시 금과 은은 바로 돈이었음을 상기하자. 주체하지 못할 정도로 많은 금과 은을 보유하게 된 스페인은 어떻게 되었을까? 세계 최고의 부자 국가로서 그 지위를 더욱 탄탄하게 다지게 되었을까? 스페인 사람들은 모두 부자가 되고 잘살게 되었을까?

일시적으로는 그랬다. 국민들은 기뻤다. 넘쳐나는 금으로 성당을 화려하게 장식했다. 지금도 스페인의 주요 도시에서는 내부 벽면 전체가 금으로 치장된 성당들을 볼 수 있다.

하지만 문제가 발생하기 시작했다. 스페인 사람들의 주머니에는 금과 은이 넘쳐났지만 정작 살 수 있는 재화의 양은 한정적이었다. 그 결과 재화 가격이 폭등했다. 인플레이션이 심하게 발생해 사람들의 생활이 어려워졌다.

여기에서 그치지 않았다. 사치스러운 생활에 빠진 스페인 사람들은 열심히 일하는 것을 잊었다. 시간이 흘러 식민지에서 빼앗을 수 있는 금과 은이 고갈되면서 스페인은 급격히 쇠퇴했다. 마침내 1588년, 무적함대로 불리던 스페인 해군이 당시 변방에 불과했던 영국 함대에 무참하게 패하고 말았다. 이후 스페인은 내리막길을 걸었다. 나라 안에 돈이 많다고 부자가 되고 행복해지는 것은 아니라는 경제 원리를 확인시켜주는 역사적 장면이다.

돈이라는 마약에 의존한 독일

인간은 신처럼 완전하지는 못하지만 그렇다고 해서 완전 바보도 아니다. 과거와 경험으로부터 많은 것을 배우고 과거의 실수를 되풀이하지 않으려 노력한다.

그리하여 금과 은 같은 귀금속을 돈으로 사용할 때의 문제점들을 깨달았다. 해외 식민지로부터 귀금속이 대량 유입되거나 국내에서 새로이 발견한 광산이 채굴될 때 국내 경제에 발생할 수 있는 문제점들을 인식하기 시작했다. 또한 이제 국가가 유통되는 돈의 총량을 관리할 필요가 있음을 알았다. 돈의 총량을 엄격하게 관리하기 위해 국가가 공인한 것만 돈으로 규정하고, 돈을 직접 만들어냈다.

그러면 이후로는 돈의 과도한 공급으로 인한 인플레이션이 지구상에서 사라졌을까? 안타깝게도 아니었다. 기본 시스템은 갖춰졌지만 구체적 운영에서 실수나 욕심이 드러난 탓이다.

20세기 초반의 독일이 그랬다. 독일에서는 무슨 일이 있었던 것일까?

제1차 세계대전에서 패한 독일은 연합국에 막대한 전쟁 피해 보상금을 물어줘야 했다. 국민들의 생활고도 해결해야 했다. 전쟁에서 패하고 대부분의 산업 시설이 파괴된 독일에 그런 능력이 있을 리 만무했다. 독일은 돈이라는 마약을 선택했다. 윤전기를 돌리기만 하면 됐다. 종이돈을 찍어내는 일은 간단했다.

그러나 화폐 발행이라는 손쉬운 처방은 곧 독이 되어 돌아왔다. 물가가 치솟기 시작한 것이다. 1913년에 100이었던 독일의 물가지수는 5년 만에 2.5배 올랐다. 이것은 서막에 불과했다. 또다시 5년이 지난 1923년에는 물가지수가 무려 126조를 기록했다. 오타가 아니다. 정말 126조다.

상상을 초월하는 물가 폭등이다. 1923년 한 해 동안 물가가 무려 10억 배 상승했다. 예를 들자면 1개에 100원에 불과하던 소시지가 1000억 원이 된 셈이다. 이 정도면 인플레이션이란 표현으로는 부족하다. 경제학자들은 이를 초인플레이션hyper-inflation이라 부른다.

신기한 구성의 오류

독일처럼 심하지는 않았지만 1989년의 아르헨티나는 5000퍼센트에 가까운 물가 상승률을 기록했고, 1993년 브라질과 러시아의 물가 상승률은 각각 1600퍼센트, 2600퍼센트였다. 이들 국가의 공통점은 자국에서 발생한 경제 문제를 무마하려고 화폐 공급을 무작정 늘렸다는 것이다. 국민을 대상으로 국가가 마약 처방을 한 셈이다.

　주요국의 화폐 공급 증가율과 물가 상승률의 관계를 보면, 매우 밀접한 정(+)의 상관관계가 있음을 확인할 수 있다. 즉, 화폐를 많이 공급한 나라는 물가도 크게 올랐다.

주요국의 화폐 공급 증가율과 물가 상승률 관계(2014년)

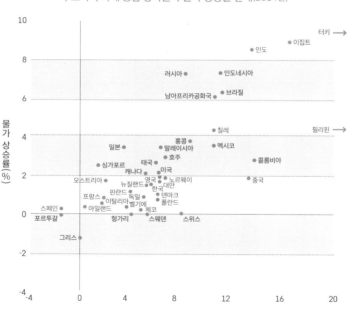

　　　　　　　　　　　　　　　　　　　　　미니멀 경제학

개인의 입장에서 보자면 돈이 많은 것은 생각만 해도 즐겁다. 쓰고 또 써도 바닥을 드러내지 않는 금고가 있다면 얼마나 좋을까? 필요할 때마다 금덩이를 쏟아내는 도깨비 방망이를 얻을 수 있다면 얼마나 신날까?

그러나 국가 전체적으로 보면, 돈이 많을수록 항상 좋지만은 않다. 경제 규모에 비해서 돈이 과도하게 많아지면 어김없이 인플레이션이 발생한다. 마음만 먹으면 돈을 발행할 수 있는 한국은행이 서민에게 돈을 실컷 나누어주는 아량(?)을 베풀지 못하는 이유다.

이와 같이 개인의 입장에서는 맞는 말이 사회 전체적으로는 틀릴 수 있는 현상을 '구성의 오류'라 한다.

친구들은 시험공부를 열심히 하지 않는데, 자신만 열심히 하면 성적 등수가 올라간다. 그런데 자신뿐 아니라 친구들까지 다 같이 열심히 시험공부를 하면 등수가 올라가지 않는다. 다 같이 시험공부를 하지 않았을 때의 등수와 차이가 없다. 공부하느라 잠만 설쳤다. 이런 현상이 구성의 오류다.

이자율

함정에 빠진
돈

한국은행은 이자율을 어떻게 조절할까?

자신의 의지와는 관계없이 신체 컨디션이 갑자기 나빠지다가 어느 순간 다시 회복되는 것처럼, 경기도 호황과 불황을 반복한다. 정부는 경기가 좋은 상태를 가급적 오래 유지하려고 하고, 경기가 나쁘면 이를 빨리 회복시키기 위해서 경제 정책을 편다.

다시 간단히 언급하자면, 경기에 영향을 주는 경제 정책은 어떤 수단을 사용하느냐에 따라서 크게 재정 정책과 통화 정책으로 구별된다. 세금이나 정부 지출을 변화시켜서 경기를 조정하는 정책이 재정 정책이다. 통화 정책은 중앙은행이 이자율을 높이거나 낮춰서 경기에 영향을 주려는 정책이다.

여기에서 새로운 궁금증이 생긴다. 한국은행은 어떤 방법으로 이자율을 낮추거나 높일까?

중앙은행의 자격으로 시중 은행들에게 "내일부터 이자율을 낮춰라!" 하고 명령하면 은행들이 명령을 받들어 대출 이자율과 예금 이자율을 인하하나?

그런 게 아니다. 시장 경제 체제에서 중앙은행이라고 은행에게 이자율을 마음대로 올려라 내려라 명령할 수 없다.

이자율은 화폐의 가격이다. 가격은 수요와 공급에 의해 결정된다. 즉, 이자율이 화폐의 수요와 공급에 의해서 결정된다는 뜻이다. 한국은행은 이 경제 원리를 활용해서 이자율을 조정한다.

시중에 화폐 공급이 증가하면 이자율이 하락하고, 반대로 화폐 공급이 감소하면 이자율이 상승한다. 그러므로 이자율을 인하하기로 결정하면, 한국은행은 시중에 화폐 공급을 늘린다. 그러면 자연스럽게 이자율이 내려간다. 반대로 이자율 인상을 원하면 한국은행은 시중의 화폐를 회수한다.

돈을 푸는 방법, 돈을 거두는 방법

여기에 다시 새로운 궁금증이 꼬리에 꼬리를 물며 생긴다. 한국은행은 시중의 화폐 공급량을 어떻게 조절할까? 화폐 공급을 늘리고 싶으면 돈을 인쇄해서 길거리를 지나가는 사람이나 원하는 기업에게 나누어줄까? 반대로 화폐 공급을 줄이고 싶으면 돈이 많은 사람들을 찾아가서 돈을 내놓으라고 할까?

당연히 말도 안 되는 소리다. 한국은행은, 아니 세계 각국의 중앙은행은 개인과 돈 거래를 하지 않는다. 중앙은행이 예금을 주고받는 유일한 상대는 시중 은행뿐이다. 그래서 중앙은행을 '은행의 은행'이라고 표현하기도 한다.

한국은행이 시중에 유통되는 화폐의 양, 즉 통화량을 조절하는 방법에는 세 가지가 있다.

첫째, 은행과의 대출 거래를 활용한다.

은행은 일시적으로 자금이 남아돌면 한국은행에 돈을 맡긴다. 반대로 일시적으로 돈이 더 필요해지면 한국은행에서 대출을 받는다. 만약 한국은행이 시중의 통화량을 늘리고 싶으면 은행들로부터 받는 예금을 줄이고, 대신 대출을 늘린다. 금고에 자금이 풍부해진 은행들은 기업이나 가계에 대출을 늘린다. 이로써 통화량이 증가하게 된다.

둘째, 공개 시장 운영이다.

말은 다소 어렵지만, 내용은 그렇지 않다. 채권은 누구나 사고팔 수 있으며 채권 시장에는 관심 있는 사람이라면 아무나 참가할 수 있다. 누구에게나 열려 있다는 의미에서 공개 시장이다. 공개 시장에서 한국은행이 보유하고 있는 채권을 시중 은행에 팔거나, 반대로 시중 은행이 보유하고 있는 채권을 한국은행이 사는 것을 공개 시장 운영이라고 부른다.

자, 이제 어떤 결과가 나타날까? 한국은행이 채권을 사면 그 대가로 돈을 주어야 한다. 그러므로 돈이 한국은행 금고로부터 시중으로 풀린다. 시중에 화폐 공급이 증가하는 것이다. 이에 따라 이자율이 내려간다. 반대로 한국은행이 채권을 팔면 돈이 한국은행 금고 안으로 들어간다. 한국은행은 이 돈을 그대로 보관한다. 그만큼 시중에 화폐 공급이 감소하고 이자율이 올라간다.

셋째, 지급준비율을 조절하는 방법이 있다.

당연한 이야기지만, 은행은 고객들이 창구에서 돈을 찾겠다고 하면 언제라도 지급해줄 수 있도록 미리 적당량을 준비해 놓고 있어야 한다. 하지만 고객은 예금의 100퍼센트를 요구하지는 않고 일부만 인출하는 편이다. 몇 달 동안 찾지 않는 고객들도 많다. 그래서 은행은 전체 예금 가운데 일정 비율만 준비해놓고 있으면 된다. 이 비율이 지급준비율이다. 말 그대로 예금 지급을 위해 준비하고 있는 돈의 비율이라는 뜻이다.

지급준비율은 한국은행이 정한다. 한국은행이 지급준비율을 내리면 은행이 보유하고 있어야 하는 돈의 양이 줄어들고, 그만큼 대출해줄 수 있는 자금 여력이 커진다. 따라서 시중에 화폐 공급이 증가한다. 반대로 지급준비율을 인상하면 화폐 공급이 감소한다.

대부분의 국가에서는 지급준비율을 한 번 정하면 몇 년 또는 수십 년 동안 변경하지 않는 것이 일반적이다. 그래서 지급준비율을 조정하는 이 세 번째 방법은 현실에서 자주 사용되지는 않는다.

참고로 지급준비율은 금융 상품에 따라 다르다. 정기 예금이나 정기 적금의 경우에는 긴급히 돈이 필요한 경우가 아니라면 만기 때까지 돈을 찾지 않으므로 은행이 굳이 많은 돈을 준비해놓을 필요가 없다. 반면에 고객들이 수시로 돈을 찾을 수 있는 '요구불 예금'에 대해서는 은행이 상대적으로 많은 돈을 준비해놓고 있어야 한다. 현재 한국은행이 정해놓은 지급준비율은 요구불 예금의 경우 7퍼센트, 정기 예금이나 정기 적금의 경우 2퍼센트다.

돈이 함정에 빠졌다고?

경기를 회복시키고자 한국은행이 금리를 인하하면, 소비자가 소비를 늘리거나 기업이 투자를 늘린다. 그러나 금리를 0퍼센트에 가깝게 낮추어도 소비나 투자가 늘지 않아 통화 정책이 효과를 거두지 못하는 경우가 있다. 답답할 노릇이다.

이른바 유동성 함정이라는 현상이다. 여기서 유동성은 그냥 현금이라고 생각하면 되는데, 돈이 기업이나 소비자 사이를 원활하게 흘러 다니면서 경제 활동을 도와주지 못하고, 마치 함정에 빠진 것처럼 머물러 있는 현상을 말한다.

세계 대공황 당시 경기 회복을 위해 상당한 양의 돈이 시중에 공급되었다. 그러나 기업들은 신규 투자를 하지 않고 돈을 그냥 보유하고 있을 뿐이었다. 이러한 현상을 보고 케인스가 유동성 함정이라고 표현했다.

일본도 '잃어버린 20년'이라고 불리는 시기에 이런 경험을 했다. 1990년대에 유동성 함정에 빠진 일본에서는 금리를 낮추어도 경기 회복의 효과가 나타나지 않아 장장 20년 동안 불황에서 벗어나지 못했다.

돈이 유동성 함정에 빠져 통화 정책이 효과를 거두지 못하는 이유는 기업과 소비자가 향후 경기를 계속 비관적으로 전

망하기 때문이다. 금리가 낮아졌다고 섣불리 투자를 시작했다가 경기 회복이 지연되면 재고만 쌓이게 될 것이므로, 기업은 경기 회복에 대한 확신이 설 때까지 관망한다. 소비자도 앞으로 자신의 소득이 더 감소하거나 일자리마저 잃어버릴지 모른다는 불안감에 좀처럼 지갑을 열지 않는다. 심지어는 불확실한 미래에 대비해서 오히려 저축을 늘리고 소비를 줄이는 소비자도 나타난다.

미니멀 경제학

예금하려면 돈을 내라고?

유동성 함정 현상이 극심해지면 금리가 0퍼센트가 아니라 마이너스가 되기도 한다. 물론 매우 예외적인 경우지만 스위스, 스웨덴, 덴마크 등에서 2015~2016년에 실제로 벌어진 일이다.

금리가 마이너스라고? 은행에 예금하면 대가로 이자를 받는 게 상식인데, 예금하는 사람이 오히려 은행에 이자를 주는 상태가 마이너스 금리다. 은행에 100만 원을 맡기면 내 돈을 찾을 때 100만보다 적은 돈을 받는다.

왜 이들 국가는 이토록 '터무니없어 보이는' 금리 정책을 도입했을까? 워낙 돈이 돌지 않고 소비가 활성화되지 않으니, 정부가 국민에게 "저축하면 손해이니 저축할 돈이 있으면 제발 소비를 늘려달라"고 부탁하기 위해서다.

이와 같은 극단적인 정책이 효과를 낳는지에 대해서는 회의적인 시각을 가진 경제학자도 많다. 이들 경제학자의 생각은 이렇다. 저금리에도 소비가 늘지 않는 이유는 미래 경제가 불확실해서 사람들이 앞날에 대비하는 목적으로 돈을 쓰지 않아서다. 은행이 마이너스 금리를 적용하면, 이들은 차라리 집에 돈을 보관하는 편을 선택한다. 집에 보관하는 돈에 대해서는 이자를 낼 필요가 당연히 없다. 그러므로 금리를 마이너스로 떨어뜨리더라도 소비는 늘어나지 않는다. 집에 보관하는 돈만 늘어날 뿐이다.

경제가 유동성 함정에 빠지고 위기에서 벗어날 기미가 보이지 않을 때 중앙은행은 이례적인 조치를 취하기도 한다. 양적 완화quantitative easing라는 비상수단이다. 이는 중앙은행이 돈을 많이 찍어내 시중에 공급하는 정책을 말한다.

1990년대 장기 침체에 빠진 일본이 처음 시도했으며, 글로벌 금융 위기에 직면한 미국의 중앙은행과 영국의 중앙은행(영란은행)도 양적 완화라는 극약 처방을 내렸었다. 돈을 찍어내 국채를 사들이는 방법으로, 시중에 돈을 풀어 자극을 주려는 취지였다. 양적 완화는 경제를 구하려는 이례적 처방이므로 경제가 위기에서 벗어나면 중앙은행은 다시 돈을 거둬들이는 긴축 정책을 쓴다.

함정에서 벗어나야

함정에 빠진 동물은 자신이 함정에 빠진 것을 안다. 그리고 함정에서 빠져나오려고 발버둥 친다.

하지만 경제가 유동성 함정에 빠지더라도, 우리는 함정에 빠졌는지조차 확실히 알지 못한다. 우왕좌왕하다가 함정에 더 깊이 빠져들 수도 있다. 유동성 함정이 경제에 치명적인 것도 이 때문이다.

마땅한 장기 투자처를 찾지 못하고 만기가 짧은 금융 상품에 일시적으로 예금되어 있는 돈을 '부동 자금'이라고 한다. 향후 좋은 투자 기회가 나타날 때까지 기다리고 있는 대기성 자금이다. 시중에 부동 자금이 많을수록 경제가 유동성 함정에 빠져 있을 가능성이 높다. 부동 자금이 실물 경제 부문에 흘러들어 기업의 투자 자금으로 본격 활용될 때, 함정은 사라지고 경제가 활기를 띤다.

정부는 소비자에게 소비를 늘려달라거나 기업에게 투자를 늘려달라고 요구하기 전에, 소비와 투자를 진작할 수 있는 경제 여건을 마련해주어야 한다. 여건만 조성된다면 소비와 투자는 저절로 늘어난다. 이게 시장 경제다.

균형과 견제가
필요해

경제 성장을 우선시하는 정부

통화 정책을 결정하는 힘은 한국은행에, 재정 정책을 결정하는 힘은 정부에 있다. 즉, 두 가지 경제 정책을 결정하는 권한을 두 기구가 하나씩 나누어 갖고 있다. 왜 한 곳이 두 가지 정책을 다 결정하지 않을까? 한 곳이 둘 다 결정할 수 있으면 어떤 일이 벌어질까?

1980년대 이전까지만 하더라도 우리나라에서는 정부가 실질적으로 두 가지 정책의 결정권을 다 가졌다. 법률로는 한국은행에게 통화 정책의 권한이 부여되어 있었지만 정부가 한국은행을 통제했다. 결국 한국은행은 정부의 눈치를 보며 통화 정책을 결정했다.

이럴 경우 정부가 모든 정책 수단을 신속하게 채택하고 일관적으로 실행할 수 있다. 그러나 세상 모든 일이 그렇듯이 밝은 면이 있으면 어두운 면도 있는 법이다.

경제 성장과 물가 안정은 모든 국가가 추구하는 경제 목표다. 두 가지 목표를 다 달성하면 더 이상 바랄 게 없지만, 경제학적으로 그러기가 매우 힘들다는 사실이 밝혀졌다. 경제 성장과 물가 안정 사이에 상충 관계가 견고하게 성립하기 때문이다.

상충 관계는 시소의 양 끝에 앉은 두 사람에 비유할 수 있다. 시소를 탄 한 사람이 올라가면 다른 사람은 내려간다. 두 사람이 동시에 올라가거나 동시에 내려가는 일은 벌어지지 않는다. 이와 같이 한 가지 목표를 달성하면 다른 목표가 멀어지는 관계를 상충 관계라 한다.

경제가 성장하면 물가가 오르고 인플레이션이 발생해 물가 안정이라는 목표가 멀어진다. 반대로 물가가 안정되면 대개 경제 성장이 둔화되어 경제 성장이라는 목표를 놓치기 십상이다.

두 가지 목표를 동시에 달성하는 일이 현실적으로 어려우므로 정부는 하나를 선택해서 우선 목표로 설정하는 게 일반적이다. 그렇다면 정부는 어떤 목표를 더 중요하게 생각할까?

경제 성장이다. 경기가 침체되고 장사가 잘되지 않으면 국민은 이를 당장 체감한다. 생활이 어려워지고 장사가 잘 안 되면 여기저기서 불만이 속출한다. 물가가 올라 입는 피해보다는 소득이 줄어 입는 피해가 국민에게 더 직접적으로 다가온다. 국민의 표, 민심에 신경 쓰는 정부로서는 국민의 경제생활에 더 직접적인 영향을 미치는 경제 성장을 우선시할 수밖에 없다.

통화 정책은 한국은행, 재정 정책은 정부

경제 성장과 물가 안정 사이에 상충 관계가 있으므로, 정부가 경제 성장에 초점을 두는 정책을 펴다 보면 물가가 불안해질 우려가 있다. 과거 우리나라에서 실제로 일어났던 일이다. 우리나라는 고성장이라는 결실을 얻는 데에는 성공했지만, 동시에 고물가라는 덫에 빠졌다.

높은 성장률만을 바라보고 질주하는 기관사에게 승객의 안전과 편안함을 위해 옆도 살피면서 달리도록 요구할 필요가 있다. 그래서 통화 정책을 결정하는 권한은 정부가 아닌, 중앙은행에 부여된다. 중앙은행은 독립 기구로서, 정부의 눈치를 보지 않고 통화 정책을 결정할 권한을 갖는다.

한국은행법 제1조는 "이 법은 한국은행을 설립하고 효율적

인 통화 신용 정책의 수립과 집행을 통하여 물가 안정을 도모함으로써 국민 경제의 건전한 발전에 이바지함을 목적으로 한다"라고 명시한다. 한국은행의 주된 목표가 물가 안정임을 명백히 밝히고 있는 것이다.

정부가 재정 정책을 사용해 경제 성장을 촉진할 때, 한국은행의 입장에서 물가 불안이 우려되면 금리 인상이라는 통화 정책을 채택한다. 한국은행이 물가 안정을 위해서 정부의 성장 정책을 견제하는 것이 정부로서는 마음에 들지 않을 수 있지만,

이런 견제 장치가 없으면 정부의 독주로 물가가 불안해지고 경제가 골병에 걸릴 가능성이 높다. 이를 방지하자는 취지다.

재정 정책과 통화 정책 권한의 분리는 모든 선진국에서 취하고 있는 원칙이다.

한국은행 독립 만세?

그렇다고 오해는 하지 말자. 한국은행의 1차 목표가 물가 안정에 있다고 해서 경제 성장이 한국은행의 목표가 아니라는 뜻은 아니다. 물가 안정을 통한 안정적인 경제 성장이 더 바람직하다는 취지다.

정부도 이 점을 잘 알지만 모든 권한을 움켜쥐고 있으면 판단력이 흐려져 잘못된 방향으로 나아갈 수 있다. 그렇기에 견제와 균형이 필요하다.

선진국에서는 일반적으로 중앙은행의 권한이 무척 강하다. 달리 말하면, 중앙은행이 정부나 정치권으로부터 독립되어 있다. 중앙은행이 정부와 다른 입장을 취하더라도 정치 보복을 당하지 않는다. 과거 심한 인플레이션으로 고생한 적이 있는 국가일수록 중앙은행 독립성의 중요함을 깨닫고 일찍부터 이를 제도적으로 보장해왔다.

화폐 발행의 독점자, 한국은행

　당연한 이야기이지만 우리나라에서 화폐를 발행할 수 있는 곳은 한국은행뿐이다. "화폐의 발행권은 한국은행만이 가진다"라고 한국은행법 제47조에 명시해놓고 있다. 그렇기에 우리나라 화폐를 '한국은행권'이라고 부르기도 한다. 이처럼 법에 의해서 우리나라 돈은 한국은행권만 인정하고 있으므로 한국은행권은 법화, 즉 법에 의한 화폐에 해당한다.

　그렇다면 뉴스에 간혹 나오는 지역 화폐는 또 무엇인가? 지역 화폐는 말 그대로 특정한 지역 안에서만 그 구성원에 의해서 통용되는 지급 수단이다. 우리나라에는 전국 177개 지방자치단체가 발행한 지역 화폐가 있다(2019년 말 기준). 이것은 우리나라의 화폐가 아니다. 한국은행권이 우리나라의 유일한 법화라고 하지 않았던가. 사람들이 이해하기 쉽게 하려고 편의상 '화폐'라는 말을 붙였을 뿐, 지역 화폐는 화폐가 아니다. 정식 이름은 '지역 사랑 상품권'이다.

　지역 화폐는 지방자치단체가 자체적으로 '조례'를 만들고 그 조례에 따라 발행하고 유통하는 '지급 수단'이다. 그러므로 그 지역을 벗어나 다른 지역에서는 사용할 수 없으며, 지역 안이라고 하더라도 가맹점 내에서만 사용할 수 있다. 전국 어디

서나 사용할 수 있는 한국은행권과 다르다. A백화점 상품권을
B백화점에서 사용할 수 없으므로 백화점 상품권이 우리나라
화폐가 아닌 것과 마찬가지 이치다.

분주한 한국은행

　우리나라 화폐를 발행하고, 시중에 적정한 통화량을 유통
되도록 하여 국민의 경제 활동을 지원하고 물가를 안정시키는
일은 분명 매우 중요하지만 한국은행이 하는 유일한 일은 아니
다. 통화 정책을 책임지는 한국은행은 그 외에도 여러 가지 중
요한 일을 한다.

　한국은행은 금융감독원과 협력하여 금융 회사들을 검사한
다. 만약 어느 금융 회사가 부적절한 영업을 한다면 이는 해당
금융 회사의 명성만 해치지 않는다. 그 일과 무관한 수많은 개
인과 기업에게도 부정적 영향이 미쳐 경제 전체가 어려움을 겪
을 수도 있다. 이에 한국은행은 금융 회사와 금융 시장을 감시
함으로써 경제 안정성을 높이도록 유도한다.

　또한 한국은행은 지급결제제도를 운영한다. 지급결제제도
라는 말이 조금 어려울 수 있지만 그 내용은 우리 일상생활과
매우 밀접하다. 한국은행의 지급결제제도가 없다면 생활이 매

우 불편해진다. 예를 들어 우리가 신용카드로 가게에서 물건이나 음식값을 지불하는 것도, ATM에서 돈을 인출하는 것도 모두 한국은행이 지급결제가 원활하게 이루어지도록 제도를 운영하고 유지하는 덕분이다.

소비자들이 인터넷쇼핑몰에서 물건을 간편하게 살 수 있는 것도 지급결제제도 덕분이다. 예를 들면 계좌이체로 물건을 구입하려고 하는데, 쇼핑몰 주인은 A은행에 계좌를 갖고 있고 소비자는 B은행에 계좌를 갖고 있다고 해보자. 지급결제제도 덕분에 아무런 문제가 되지 않는다. 소비자는 인터넷뱅킹을 이용해서 B은행 계좌에서 A은행 계좌로 돈을 이체할 수 있다. 한국은행이 지급결제제도를 이용해서 두 은행 사이에 주고받을 돈을 정산해준다.

은행의 은행이자 정부의 은행

한국은행은 시중 은행들과 거래한다. 그래서 '은행의 은행'이라 불린다. 시중 은행이 일시적으로 돈이 모자라 고객의 예금을 내어줄 수 없는 상황이 되면 한국은행이 돈을 빌려준다. 물론 이것도 대출이므로 한국은행은 이자를 받는다.

뿐만 아니라 한국은행은 '정부의 은행'이라고도 불린다. 국민이 정부에 세금을 내면 정부는 당장 필요하지 않은 돈을 한국은행에 '국가 예금'으로 맡긴다. 정부가 돈이 부족해지면 한국은행이 일시적으로 돈을 빌려주기도 한다.

그러나 한국은행은 개인과는 직접 거래하지 않는다. 아무리 부자라 하더라도 한국은행에 계좌를 개설할 수 없다.

한국은행은 외국환 업무도 맡고 있다. 환율이 급격하게 변동되면 경제 안정성이 훼손되므로 환율이 안정적으로 움직이게 꾸준히 지켜보며 대책을 세운다. 그리고 우리나라가 외국과의 거래에서 언제든지 사용하게끔 외국 돈이나 금 등을 보유하고 있으며, 시장 상태에 따라 시중에 풀거나 회수한다. 한국은행이 보유하고 있는 외국 돈이나 금 등을 '외환보유액'이라고 한다.

우리가 뉴스를 통해 자주 접하는 GDP, 경제 성장률, 1인당 국민소득 같은 중요한 경제 통계를 수집하고 작성하는 일도 한국은행이 하는 일 가운데 하나다. 통화량, 자금 순환, 국제 수지, 외채 등의 통계 작성도 한국은행의 몫이다.

마지막으로 한국은행은 경제 교육도 수행한다. 경제 전문가만을 대상으로 전문적인 교육을 하는 것으로 오해하지 말자. 그뿐 아니라 일반인을 대상으로, 특히 미래의 경제 주역이 될 초등학생부터 대학생에 이르기까지 학생을 대상으로 기본적인 내용부터 시작해서 눈높이 경제 교육을 실시하고 있다.

지금은
금융 시대!

우리나라에 세계적인 은행이 없는 이유

우리나라 경제는 눈부신 성장을 이룩했다. 외국에서는 우리나라의 고속 성장을 한강의 기적이라고 평가했고, 후발 개발도상국들은 우리의 성장 전략을 본받으려 노력한다.

그러나 양지 뒤에는 음지가 있다. 우리나라의 실물 경제가 고도성장을 할 수 있었던 배경에 금융 경제의 희생이 있었다고 경제학자들은 지적한다.

과거 우리나라에서는 금융 경제가 실물 경제의 동반자라기보다는 실물 경제의 성장을 위한 수단으로 취급되었다. 그래서 금융 경제는 실물 경제에 비해 발전이 더뎠다.

뒤늦게 금융 경제의 중요성을 인식하고 이를 바로잡으려고 노력하고 있지만, 역사가 길고 경험이 풍부한 금융 강국들을 따라잡기엔 아직 역부족이다. 삼성전자, 포스코, 현대자동차 같은 세계적인 기업이 금융 산업에서는 아직 나오지 않은 이유도 우리의 어두운 금융 산업의 역사와 결코 무관하지 않다.

박정희 대통령은 정권을 잡자마자 한국은행을 정부에 예속했다. 독립성 보장으로 물가를 안정시키기보다는 중앙은행을 통제함으로써 신속한 경제 성장에 주안점을 두는 성장 위주의 정책을 채택한 결과다. 아울러 일반 은행까지 국유화하여 좌지우지했다. 은행장도 정부가 마음대로 선임하고 갈아치웠다. 정부가 임명한 은행장이니 정부의 말에 순종해야 했으며 정부가 선택한 산업이나 기업에 낮은 금리로 자금을 대출해주었다.

터널보다 어두웠던 금융 산업

정부가 은행을 국유화한 것은 수출과 중화학 공업을 통한 경제 성장 전략을 일관성 있고 강력하게 추진하려는 의도에서였다. 경제 개발 자금을 효과적으로 마련하고 수출 기업과 중화학 공업 기업에 자금을 전폭적으로 지원하기 위해서, 한국은행으로 하여금 돈을 찍어내도록 했고, 일반 은행이 수출 기업에게 대출을 원활하게 해주도록 유도했다.

이게 다가 아니다. 기업의 이자 비용을 덜어주기 위해 대출 금리를 낮게 규제했다. 대출 금리가 낮으면 은행의 수익이 위태로워진다. 그래서 은행에게 적정 수익을 보장해주어야 했고, 예금 금리까지 낮게 묶어두었다. 저금리로 인해서 예금을 꺼리는 개인들을 은행 창구로 유도하기 위해서, 여러 가지 방법으로 강제 저축을 유도했고 저축 홍보 캠페인을 활용했다. 학생들이 모두 학교를 통해 통장을 만들고 예금해야 했던 시절도 있었다.

이와 같은 정책으로 우리나라 은행은 외형적으로 급성장했지만, 내부적으로는 두 가지 문제에 부딪치게 되었다.

첫째, 은행 자체가 부실해졌다. 이는 은행이 정부의 정책에 순종한 결과이므로, 정부는 세금으로 부실 문제를 해결해주었다. 참 편리한 구조였다. 물론 최종적인 피해는 한 푼 두 푼 은행에 예금을 하고 꼬박꼬박 세금을 낸 국민들에게 돌아갔다. 하지만 이와 같은 피해는 직접적으로 드러나지 않았다. 사람들은 피해를 입는지도 모른 채 이 터널 같은 시기를 지나왔다.

둘째, 은행이 제대로 된 대출 심사 능력과 영업 능력을 갖추지 못했다. 당시 은행은 굳이 우량 기업을 가려내거나 신규 투자의 경제성을 엄밀하게 평가할 필요가 없었다. 정부의 지시

에 따라 특정 기업에게 정해진 자금을 대출해주면 그만이었다. 설령 문제가 생기더라도 정부가 책임지고 해결해주니 은행으로서는 고민할 필요가 없었다.

우물 안 개구리

1980년대 들어오면서 이런 정책으로는 지속적인 경제 성장이 불가능하며 부작용만 커질 뿐이라는 것을 정부도 인식하게 되었다. 세계적인 추세에 맞추어 금융 시장을 자율화하기 시작했다. 각종 금융 규제를 완화하고 금리가 시장에서 수요와 공급에 의해 자유롭게 결정되도록 하는 방향으로 정책이 전환되었다. 그러나 수십 년 동안 누적된 부실과 관행이 순식간에 개선될 리 없었다.

우리가 금융 산업의 경쟁력을 미처 확보하기 전에 세계 경제는 WTO세계무역기구 체제로 접어들었고, 금융 산업도 외국 기업에 개방되었다. 취약한 금융 회사들이 졸지에 무한 경쟁이라는 거친 정글에 내몰린 셈이다. 경험과 지식이 부족한 우리 금융 회사들은 선진 금융 회사들에 비해서 경쟁력이 떨어졌다.

1997년에 경제 위기를 겪으면서 우리 금융 회사들은 대규모 구조 조정을 거쳤고, 일부 금융 회사들은 시장에서 퇴출되었다. 부실한 금융 회사를 살리기 위해서 거액의 공적 자금이 투입되기도 했다. 공적 자금이 증가하니 국민의 세금 부담도 커졌다.

과거에 비해 많이 나아졌다고는 하지만, 우리나라의 금융 산업은 선진국에 비해서 여전히 취약하다. 신용 평가에 대한 경험이 부족하여 대출은 여전히 담보에 의존하는 경향이 있다. 살아남은 금융 회사들이 과거보다 대형화되었다고는 하지만, 우리나라의 최대 은행조차 세계 시장에서는 중형 은행으로 취급받는다.

신자유주의는
어디로 갈까?

저 푸른 초원 위에 대출로 집을 짓고

대학교에서 전자공학을 전공한 루빈은 미국 플로리다주에 있는 컴퓨터 소프트웨어 회사 직원이다. 입사 4년 차. 그가 다니는 회사는 규모가 크지 않지만 실속이 있다. 그가 받는 연봉은 혼자 생활하기에 부족함이 없다.

안정적 직업을 갖게 된 루빈은 내 집 마련에 착수했다. 주위 집값이 하루가 멀다 하고 올랐고, 월세가 아까웠기 때문이다. 동료들도 집을 빨리 사라고 충고했다. 집값이 자고 일어나면 오르니, 하루라도 빨리 집을 사는 것이 돈을 버는 길 같았다.

때마침 대출 금리도 루빈 편이었다. 금리가 1퍼센트 정도에 불과했다. 미국 역사상 50년 만에 찾아온 최저 금리였다. 루빈은 낮은 금리 덕분에 대출에 대한 부담을 덜 수 있었다. '대출을 받아 다른 곳에 투자해볼까?' 하는 생각까지 들 정도였다.

마침 마음에 쏙 드는 집이 매물로 나왔다. 예쁘고 아담한 외관, 내부 인테리어도 분위기 있었다. 쾌적한 주변 환경까지, 모든 것이 루빈의 마음을 사로잡았다.

루빈은 즉시 금융 회사로 갔다. 은행은 30년 장기 주택융자를 해주고 있었다. 루빈은 '서브프라임모기지subprime mortgage'를 받았다. 미국에서는 집을 담보로 해주는 장기 대출을 모기지라고 한다. 루빈처럼 신용 점수가 낮은 사람은 대출 금리가 이보다 조금 높은 서브프라임모기지를 받는다. 우리식으로 하면 제2금융권에서 취급하는 비우량 주택 담보 대출 같은 것이다.

루빈은 대출 계약과 주택 구입 계약을 후다닥 해치웠다. 내 집 마련의 꿈을 이룬 루빈은 하늘을 날 것 같았다. 집을 산 이후에도 집값이 계속 오르면서 루빈의 기쁨은 한층 더 커졌다.

미국발 글로벌 금융 위기의 전모

루빈과 같은 미국인들이 늘어났다. 갚아야 할 대출 이자보다 집값이 더 큰 폭으로 상승할 것으로 예상하고 많은 미국인이 부동산에 투자했다. 여기에 투기 세력까지 가세했다. 그야말로 미국 부동산 시장은 뜨겁게 달아올랐다. 2000년부터 2005년 사이에 미국의 전체 주택 매입 가운데 60퍼센트만이 거주 목적이라는 통계까지 나왔다.

하지만 시간이 지나면서 우려의 목소리가 하나둘씩 새어나오기 시작했다. 집값에 거품이 끼었으며, 언제 붕괴될지 모른다는 전문가들의 경고였다.

2007년 초에 들어서자 우울한 예상이 현실로 나타났다. 루빈이 처음 대출을 받았을 때에 비해서 금리가 어느새 껑충 뛰어올랐다. 부동산 가격 거품과 물가를 잡겠다며 미국의 중앙은행이 금리를 올렸기 때문이다.

루빈이 매달 내야 하는 이자도 많아졌다. 월급은 별로 늘지 않았는데 이자가 크게 오르니 부담이 가중됐다. 말 그대로 허리가 휠 지경이었다. 이자 상환은 어느덧 고통이 되어갔다. 처음에는 여가비와 생활비를 줄이면서 버텨보았지만 역부족이었다.

루빈은 더 이상 버틸 수가 없었다. 하는 수 없이 집을 팔기로 결정했다. 그런데 이게 웬 날벼락인가? 집을 마련했던 몇 년 전과는 달리 주택 시장이 침체의 늪에 빠져 있었다. 집값은 뚝뚝 떨어졌다. 집값이 더 떨어질 것으로 예상되자, 주택을 사려는 사람이 자취를 감추었다.

떨어지는 집값에는 날개가 없었다. 집값은 루빈이 구입했던 때보다 어느새 20퍼센트나 떨어졌다. 루빈이 다행히, 아주 다행히 집을 판다고 해도 그 돈으로 대출금을 상환하는 것은 꿈도 꾸지 못할 일이었다.

루빈은 이러지도 저러지도 못하고 속만 태웠다. 문제는 심각했다. 루빈 같은 사람이 한둘이 아니었다. 서브프라임모기지를 이용해 주택을 구입했던 사람들이 높아진 대출 금리를 감당하지 못하고 원금은커녕 이자 납부를 연체하기 시작했다.

그러자 대출을 해준 금융 회사들도 따라서 부실해지기 시작했다. 대출해줄 때 담보로 잡은 집을 경매 처분한다고 해도 원금에 미치지 못해 손실이 발생할 처지였다.

대출금을 회수하지 못한 금융 회사들이 엄청난 적자를 기록하면서 허약한 곳부터 하나둘씩 문을 닫기 시작했다. 비교적 규모가 큰 곳마저도 버틸 수가 없게 되었다. 금융 회사들의 줄부도 사태가 벌어진 것이다. 그들은 정부에 구원을 요청했다.

초일류 금융 회사들이 무너지다

미국의 금융 위기가 본격적으로 시작된 2007년의 일이다.

미국 정부 못지않게 튼튼하다고 평이 나 있던 최대 모기지 회사인 패니메이Fannie Mae와 프레디맥Freddie Mac이 부도날 지경에 이르자, 이 회사들의 주가가 2주 만에 60달러에서 10달러로 폭락했다.

두 회사가 부도를 내면 미국 모기지 대출 시장의 붕괴는 초읽기였다. 미국 정부는 "두 모기지 회사의 생존이 안보 차원에서 필요하다"는 논리로 두 회사에 구제 금융 투입을 단행했다.

그렇지만 이것으로 해결되기에는 모기지 대출 부실의 파장이 너무 컸다. 2008년 9월이 되자, 세계 5대 투자은행 가운데 3위와 4위 투자은행이 심각한 경영난을 겪으면서 파산해 다른 곳에 매각되었다. 5위 투자은행은 이미 그보다 몇 달 전에 매각된 상태였다.

세계 1위와 2위 투자은행도 자금난에서 자유롭지 못했다. 양대 산맥이 흔들리니, 이들 금융 회사에 자금을 빌려준 국내외 투자자들이 발을 동동 구르기 시작했다. 미국이 가장 안전하다는 판단에서 이들에게 투자했던 것인데, 믿는 도끼에 발등이 찍힌 꼴이었다.

이제는 어느 누구도 믿을 수 없는 상황이 되었다. 튼튼한 은행에게도 돈을 섣불리 빌려줄 수 없는 지경에 이른 것이다. 급기야 서로를 믿지 못하는 신용 위기 상황이 초래되었다.

미국 중앙은행이 서둘러 돈 공급을 대폭 늘리고, 금융 회사들에게 자금 대출을 독려했지만, 기업이 갚지 못할 것을 우려한 금융 회사들은 대출해주기를 꺼렸다. 돈이 돌지 않게 된 것이다. 경제학자들은 이와 같은 금융 위기를 '금융경색'이라고 부른다. 뇌경색, 심근경색을 떠올리면 이해가 쉬울 것이다.

미국 경제가 위기인데 왜 세계 경제가 어려워졌을까?

기업들은 경영에 필요한 돈을 마련하지 못해 노심초사할 수밖에 없었다. 멀쩡한 기업들도 어려움에 처하기 시작했다. 각국의 주가는 폭락했고 위기를 느낀 소비자들은 지갑을 닫았다. 아이슬란드, 파키스탄, 우크라이나, 헝가리 등 여러 국가가 IMF로부터 구제 금융을 받아야 하는 처지에 놓이게 되었다.

사태는 점점 파국으로 치달았다. 미국의 3대 자동차 회사인 GM, 포드, 크라이슬러가 파산 선고 직전에 몰려 정부의 보조금에 매달려야 하는 신세로 전락했고, 마침내 세계 경기는 동반 침체로 빠져들었다. 어떤 사람들은 1929~1933년 세계 대공황이 재현되는 것이 아니냐는 우려까지 내놓았다. 급기야 미국을 대표하는 씨티은행마저 국유화되고 말았다.

지금까지 살펴본 일련의 사건은 미국의 금융 위기가 글로벌 금융 위기와 신용 위기로 이어지고, 더 나아가 전 세계적인 경기 침체를 초래한 과정이다.

우리는 이로부터 금융이 얼마나 중요한지를 깨달을 수 있다. 많은 사람이 미국에서 서브프라임모기지 부실 문제가 처음 보도되었을 때, 남의 집 이야기인 줄로만 알았다. 그러나 몇 달이 지난 후에 미국 금융 위기는 전 세계의 금융 및 경제를 최악의 상태로 몰아넣었고, 전 세계인들은 이제껏 겪지 못했던 난관에 봉착했다. 위기의 시작은 금융이었지만, 종착점은 예외 없이 실물 경제의 침체였던 것이다.

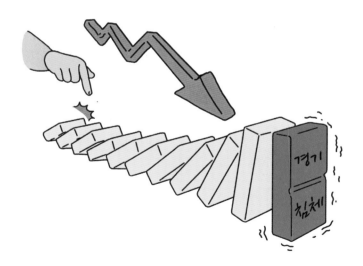

시장 실패와 애덤 스미스의 등장

　지금까지 경제 위기가 발생하면 스타 경제학자가 등장해 세계 경제와 경제학을 한 단계 발전시켜왔다. 이번 글로벌 금융 위기는 한동안 세계 경제의 주류로 자리 잡아온 신자유주의에 대한 회의를 불러일으켰다. 이번에는 또 어떤 스타가 어떤 해법을 제시할지 세계의 경제학계가 주목하고 있다.

　현대 경제학은 근대 유럽으로 거슬러 올라간다. 당시 애덤 스미스Adam Smith를 대표로 하는 경제학자들은 경제를 민간과 시장에 맡겨놓아야 한다는 자유주의를 주장했다. 보이지 않는 손, 즉 개인이 자기 이익을 추구하는 경제 활동이 사회 전체의 이익을 가져온다는 생각이었다.

　이들은 세금을 거두는 정부는 경제를 비효율적으로 만들 뿐 별다른 도움을 주지 못하므로 국방, 외교, 치안과 같은 최소한의 역할만 맡아야 한다고 주장했다. 실제로 유럽에서는 경제 분야에서 정부의 역할이 축소되었고, 점차 자유주의 사상이 세계 경제를 지배했다.

　그러나 산업혁명과 자본가의 등장으로 독점기업이 나타나면서 자유주의 사상이 흔들리기 시작했다. 독점기업들은 시장에서의 우월한 지위를 바탕으로 상품의 가격을 높여 소비자를 착취하고 불공정 행위를 일삼았다. 또한 공공재처럼 특수한 성질을 지닌 재화는 시장의 기능만으로는 효율적으로 공급되지 않는 것도 문제였다.

이른바 시장 실패 현상이다!

이런 상황에서 20세기 초반에 발생한 세계 대공황은 시장 경제가 자생적으로 모든 문제를 완벽하게 해결하는 데 한계가 있음을 여실히 보여줬다.

이에 케인스를 대표 주자로 하는 경제학자들은 시장 경제가 완전하지 못하므로 정부가 시장에 개입해서 문제를 적극적으로 해결할 필요가 있다고 주장했다. 케인스의 주장 이후 각국 정부는 경제에 개입해서 시장의 문제들을 해결하려 했고, 기업 활동을 규제하기 시작했다. 이와 같이 시장 경제에 정부가 개입하여 문제를 해결하는 경제 체제를 '혼합 경제 체제'라 한다.

한동안 정부가 경제에서 상당한 역할을 하는 것을 당연시하는 분위기가 이어졌다. 그러나 완벽하지 못하기는 정부도 마찬가지다. 어떤 경우에는 정부 정책이 오히려 사태를 악화시키거나 정부의 의사결정이 문제를 왜곡하였다.

시장이 실패하는 것처럼 정부도 실패한 것이다. 정부 개입은 새로운 비효율을 만들어내기 시작했다. 정부의 시장 개입이 지나쳐 만성적인 재정 적자로 인한 새로운 문제들이 쏟아져 나왔다.

1970년대 석유 파동으로 인해 야기된 스태그플레이션, 즉 물가가 크게 오르면서 동시에 경기 침체가 지속되는 상황은 정부의 역할에 결정적인 타격을 가했다. 어떤 정부 정책으로도 이 문제를 해결할 수 없었다.

이를 계기로 다시 시장의 역할을 강조하는 자유주의가 득세했다. 자유주의가 다시 등장했다는 뜻에서 이런 경제 사조를 신자유주의neo-liberalism라고 부르기 시작했다. 과거의 자유주의에서 한층 강화된 이론으로 중무장했다는 뜻이기도 하다.

신자유주의는 어디로 갈까?

신자유주의의 창시자는 오스트리아 출신의 영국 경제학자 프리드리히 폰 하이에크Friedrich von Hayek라 할 수 있다. 그는 시장의, 시장에 의한, 시장을 위한 경제를 주장하면서 정부 역할 최소화, 자유 시장 허용, 규제 완화, 재산권 확보 등을 강조했다.

신자유주의의 득세로 세계적으로 정부 규제와 통제가 대폭 철폐되었고 자유무역 흐름이 강화되었다. 특히 미국 정부는 신자유주의 정책을 밀어붙이면서 제2의 전성기를 열었고 IT 강국과 금융 강국이라는 명예를 동시에 거머쥐었다.

그러나 2008년에 시작된 글로벌 금융 위기는 다시 신자유주의를 곤경에 빠뜨렸다. 정부가 금융 시장을 지나치게 자유롭게 풀어놓은 결과, 금융 회사들이 탐욕을 부려 방만한 영업을 한 것이 금융 위기의 원인이라는 비판이 제기된 것이다.

이에 따라 다시 정부의 개입이 필요하다는 주장이 힘을 얻고 있으며, 규제 강화가 필요하다는 목소리도 더불어 커지고 있다. 이대로 신자유주의가 끝날 것인지, 아니면 신자유주의가 해법을 제시하여 문제를 해결함으로써 더 오래 지속될 것인지는 앞으로 계속 지켜볼 일이다.

5부

보이지 않지만
치열한
세계 경제 전쟁

연방준비제도

민간이 설립한
중앙은행

경제 분야의 대통령

"미국이 기침을 하면 다른 나라는 감기를 앓는다"라는 말이 있다. 나비 효과라고나 할까. 미국이 기침을 하는 정도로 가벼운 경제 문제를 겪더라도 이웃 나라는 그 때문에 경제가 크게 어려움에 빠질 수 있다는 것은 엄연한 현실이다.

그래서인지 경제 뉴스를 보면 국내 소식을 제외하고는 단연코 미국 소식이 압도적으로 많다. 미국 경제와 관련된 인물 가운데 대부분의 국가가 특히 관심을 갖는 인물이 둘 있다. 미국 대통령과 '경제 대통령'이다.

미국 대통령의 발언과 행보에 관심을 갖는 것은 당연하다고 여길 터. 그런데 경제 대통령이라니? 미국에는 이런 직책도 있나? 경제 대통령이라는 공식 직책은 없다. 세계 어느 나라에도 그런 직책은 없다. 다만 경제와 관련해서 중대한 결정을 하고 막대한 영향력을 발휘하는 위치에 있는 사람을 경제 대통령이라고 비유할 뿐이다.

경제 대통령이란 누구를 지칭하는 말일까? 바로 중앙은행의 수장을 가리키는 말이다. 중앙은행은 한 나라의 화폐 발행, 유통되는 통화량 관리, 금리 조절, 은행 시스템 감독 등을 위해 설립된다. 중앙은행이 하는 일에는 공통점이 하나 있다. 모두 돈과 관련된 역할이라는 것이다. 그래서 중앙은행을 '통화 당국'이라고도 부른다.

중앙은행은 발행하는 화폐의 가치를 안정적으로 유지해야 하는 책임이 있으며, 이를 위해서 통화 정책을 펴고 심한 인플레이션이 발생하지 않도록 맞서 싸운다. 우리가 흔히 선진국이라고 표현하는 나라들은 정치적 간섭 없이 중앙은행이 최선의 정책을 취할 수 있도록 제도적으로 보장한다. 정치권에 굴복하여 무리한 통화 정책을 펼친 결과, 경제가 수렁으로 빠졌던 여러 나라의 역사적 교훈을 반영한 결과다. 경제에 지대한 영향을 미치는 통화 정책을 독자적으로 수립할 권한을 가지고 있는 중앙은행의 수장이니, '경제 대통령'이란 말이 어색하지 않다.

우리나라의 중앙은행은 한국은행이다. 일본에는 일본은행, 중국에는 중국인민은행이 있다. 유럽의 경우에는 유로라는 단일 화폐를 사용하는 나라들의 중앙은행 역할을 하는 유럽중앙은행이 있다.

금융 회사들이 만든 미국의 중앙은행

언론에 단골로 등장하는 미국의 중앙은행은 다른 나라들에 비하면 이름이 많이 특이하다. 연방준비제도Federal Reserve System, 줄여서 '연준'이며, 영어 약칭은 FRS다.

중앙은행 명칭에 국가 이름이 들어 있지 않으니 뉴스에 나올 때마다 도대체 정체가 무엇인지 궁금해하는 사람들이 많다. 중앙은행이 아니라 다른 일을 하는 곳이라고 혼동할 법도 하다.

미국의 중앙은행인 연방준비제도가 탄생한 배경이 흥미롭다. 과거 미국의 대형 금융 회사들은 미국 경제를 자신들이 주도하려는 목적에서 중앙은행을 민간 형태로 설립하자고 끊임없이 주장하고 추진했다. 하지만 역대 대통령들은 이를 막았다. 정부 권한에 필적할 만한 힘을 갖는 중앙은행이 민간에 의해서 설립되어서는 안 된다는 생각에서였다. 금융 회사들과 대통령 사이의 갈등은 심각했고 오래 지속되었다. 심지어 여러 대통령이 암살 위협에 시달리거나 실제로 비극적 종말을 맞기도 했다.

금융 재벌들은 민간 중앙은행을 설립하기 위해서 수단과 방법을 가리지 않았다. 미국이 과거에 경험한 몇 차례의 금융 공황을 이들이 의도적으로 조장했다는 음모론도 꽤 설득력을 지닌다.

그 논리는 이렇다. 금융 공황이 발생하면 빚더미로 내몰리는 사람이 많이 생기고 심지어 자살로 이어지기도 한다. 정치

인으로서는 무척 부담스러운 사태다. '금융 공황을 예방해야
하고, 이를 위해서는 중앙은행이 반드시 필요하다'라는 여론을
형성하고 정치권을 압박하기 위해서 금융 공황을 조장하거나
방조했다는 것이다.

　음모론의 진실은 정확히 확인하기 어렵지만, 결국 금융 재
벌들의 시도는 1913년에 결실을 맺었다. 미국 의회가 연방준비
제도를 설립하는 법을 통과시켰다.

　미국의 연방준비제도는 JP모간 등 미국의 금융 회사들이
지분을 100퍼센트 소유한다. 미국 중앙은행이 민간 기구인 셈
이다. 물론 연준의 주식이 주식 시장에서 일반인들 사이에 거
래되지는 않지만, 여러모로 우리가 생각하는 중앙은행의 모습
과는 분명히 다르다. 미국 중앙은행은 뉴욕 월가로 상징되는
금융 재벌이나 막대한 자본가들의 영향에서 자유롭지 못하며
이들의 이익을 대변한다는 비판을 끊임없이 받고 있다.

전국에 흩어져 있는 12개의 연방준비은행

　미국 중앙은행은 크게 봤을 때 3개의 하부 조직, 즉 연방
준비은행Federal Reserve Banks, 연방준비제도이사회Federal Reserve
Board, 연방공개시장위원회Federal Open Market Committee로 구성된

다. 명칭이 길고 다소 헷갈린다. 차분하게 하나씩 해부해보자.

첫 번째 조직은 연방준비은행이다. 쉽게 말하면 중앙은행의 지점들이다. 50개 주를 인접한 몇 개 주씩 묶어서 12개의 지구 district로 분류하며, 각 지구에 연방준비은행이 하나씩 설치되어 있다. 예를 들어 뉴욕, 보스턴, 시카고, 샌프란시스코, 댈러스 등에 연방준비은행이 있다.

각 연방준비은행은 해당 지구에서 중앙은행 역할을 수행한다. 12개 가운데 미국 금융의 중심지인 뉴욕에 위치한 뉴욕 연방준비은행이 큰형님 격으로, 가장 큰 영향력을 지닌다.

임기가 14년인 이사

그다음으로 연방준비제도이사회는 화폐 공급량을 결정하고, 12개의 연방준비은행을 감독 및 규제하는 기구다. 수도인 워싱턴에 본부가 있다. 이사회를 구성하는 7명의 이사는 대통령이 임명한다. 이사의 임기는 무려 14년이나 된다. 임기를 이렇게 길게 정한 이유는 정치권의 입김을 최대한 배제하고 의사결정의 독립성을 보장해주기 위해서다. 비록 대통령이 임명했지만 4년 임기의 대통령 눈치를 볼 필요 없이 장기적인 관점에서 의사결정을 하라는 취지다.

연방준비제도이사회에는 당연히 의장이 있다. 이사회를 주도하고 책임을 지는 자리다. 이 의장이 바로 미국의 경제 대통령이라는 별명을 가진 사람이다. 미국 통화 정책에 대한 최종 결정권자로서, 미국 경제에 지대한 영향을 미친다.

연방준비제도이사회 의장도 대통령이 임명하며, 임기는 4년이다. 여기에도 대통령의 영향력을 배제하기 위한 장치가 마련되어 있다. 대통령의 재임 기간과 일치하지 않도록 해놓은 것이다. 즉, 새로 선출되는 대통령은 전임 대통령이 임명한 의장을 그대로 받아들여야 한다. 자신이 원하는 의장을 임명하려면 임기가 끝날 때까지 기다려야 한다.

새 대통령은 전임 대통령이 임명한 의장이라고 무조건 갈아치우지 않는다. 제 역할을 잘하고 있고 미국 경제에 도움이 되는 인물이라고 판단하면 의장을 연임하도록 재임명한다. 미국 경제가 잘 돌아가는 게 대통령 자신의 인기 유지와 재선에 도움이 되기 때문이다.

통화 정책을 결정하는 연방공개시장위원회

마지막으로 연방공개시장위원회가 있다. 미국의 통화 정책을 최종 결정하는 가장 중요한 회의의 명칭이다. 연방공개시장

위원회는 12명으로 구성된다. 이 가운데 7명은 연방준비제도 이사회의 이사들이 자동으로 차지한다. 남은 자리들 가운데 하나는 항상 뉴욕 연방준비은행의 총재가 차지한다. 큰형님 격이어서다. 이제 남은 자리는 4개다. 이 자리들은 뉴욕을 제외한 11개 연방준비은행의 총재들이 돌아가면서 채운다. 연방준비제도이사회의 의장이 자동적으로 연방공개시장위원회의 의장도 맡아 통화 정책을 확정한다.

연방공개시장위원회는 5~8주의 간격으로 1년에 여덟 차례 정기 회의를 갖는다. 이 회의에서 미국의 통화 정책에 대한 최종 결정이 이루어지므로, 회의가 열릴 때마다 전 세계 언론과 금융계 종사자들은 저마다 촉각을 곤두세우고 어떤 결정이 내려질지 예측한다. 여기에서 결정된 미국의 통화 정책 변화는 미국뿐 아니라 세계 경제에 즉각 영향을 미친다.

우리나라에는 금융통화위원회

한국은행에도 통화 정책을 수립하고 결정하는 조직이 있다. 금융통화위원회다. 줄여서 금통위라고 부른다. 금융통화위원회는 한국은행 총재와 경제 각 분야를 대표하는 6명을 합쳐 총 7명의 위원으로 구성된다. 한국은행 총재와 6명의 위원은 모두 대통령이 임명하며 임기는 4년이다. 한국은행 총재가 의장을 맡는다.

금융통화위원회는 매월 두 차례, 1년에 총 24회 개최된다. 통상적으로 매월 둘째와 넷째 목요일에 정기 회의를 갖지만, 명절이나 총재의 해외 출장 등으로 변경되기도 한다.

한국은행이 금융통화위원회를 통해 결정하는 금리를 '기준 금리'라고 부른다. 예금할 때 적용되는 예금 금리, 돈을 빌릴 때 적용되는 대출 금리 등 수많은 금리가 존재하는데, 이들 금리의 '기준'이 된다는 뜻이다. 한국은행이 기준 금리를 내리면 예금 금리와 대출 금리 등이 이에 연동해서 내려간다.

유로

세계는 하나, 돈도 하나

나라마다 각양각색, 세계의 돈

"In God We Trust(우리는 신을 믿는다)."

미국의 돈, 달러에 적힌 문구다. 더불어 "공사를 막론하고 모든 채무에 유효한 법화다"라는 글도 함께 쓰여 있다.

유로를 쓰기 전 프랑스의 돈에는 낭만이 있었다. 1993년 발행한 50프랑 지폐에는 《어린 왕자》로 유명한 생텍쥐페리가 등장한다. 그리고 뒷면에는 흐뭇한 미소를 짓는 어린 왕자의 모습이 보인다.

조금 살벌한 경우도 있다. 예전 독일의 마르크에는 "이 돈을 위조해 사용하는 사람은 2년 이상의 금고에 처한다"라는 엄중한 경고문이 쓰였다.

이렇듯 세계 각국의 돈을 살펴보면 각 나라의 문화적 차이를 엿볼 수 있다.

다른 나라 돈을 사용할 수 있게 해주면

일반적으로 돈에는 역사적 위인이나 대표성을 지닌 인물의 초상화가 담긴다. 인도의 루피에는 간디가, 영국의 파운드에는 경제학자 애덤 스미스가, 미국 달러에는 워싱턴이 등장한다. 고대 로마 시대에는 돈에 신의 모습을 형상화하고 황제와 같은 절대 권력자를 그려 넣음으로써 돈의 권위와 가치를 보증하려 했다.

아무리 세계적인 인물이 새겨진 돈이라고 하더라도 한 나라의 돈은 해당 국가에서만 유통된다. 우리나라 식당에서 떡볶이를 먹고 난 뒤 간디의 초상이 담긴 인도의 루피를 내밀어봐야 소용이 없다. "이 돈을 지닌 사람에게 액면 금액을 지급할 것을 약속한다"라는 글귀가 적힌 영국의 파운드도 남대문 시장에서 옷을 살 때는 소용이 없다.

우리가 해외여행을 가도 상황은 마찬가지다. 이탈리아의

유명 식당에서 피자와 파스타를 먹고 나서 신사임당이 인쇄되어 있는 우리나라 돈을 낼 수 없는 노릇이다.

여기서 번뜩 떠오르는 아이디어 하나. 그냥 외국 돈을 우리나라에서도 사용하게 공식적으로 허용하면 안 되나? 모든 나라가 이런 식으로 상호 합의하면 좋지 않을까? 그러면 말 그대로 '우리는 하나'가 되고, 해외여행을 할 때마다 환전해야 하는 불편함도 사라질 텐데. 왜 경제 전문가들은 이처럼 좋은 아이디어를 실행하지 않을까?

아쉽게도 이 생각에는 매우 심각한 문제가 숨어 있다. 잘 알다시피 돈은 거래의 매개 수단이므로 적당한 양이 유통되어

야 한다. 유통되는 통화량이 너무 적으면 거래가 잘 이루어지지 않고 경기가 침체된다. 반대로 통화량이 너무 많으면 물가가 올라 국민들이 고통을 받는다. 그래서 적정한 통화량이 유통되도록 관리하는 것이 중앙은행의 가장 중요한 역할이다.

그런데 한 나라에서 여러 나라의 돈이 사용되기 시작하면 중앙은행이 유통되는 돈의 양을 파악하고 관리하기가 불가능해진다. 달러, 유로, 엔, 위안, 파운드, 루블, 루피 등 세계 각국의 온갖 돈이 우리나라에서 마구 유통된다고 상상해보라. 거래하는 사람의 입장에서는 편리하겠지만 한국은행은 돈 관리에 두 손 두 발 다 들고 만다.

일단은 우리나라가 발행하는 돈은 관리할 수 있다지만, 외국에서 얼마의 돈이 들어오는지 파악하기가 불가능해진다. 외국 관광객이 넘쳐나면 우리나라에 돈이 많아지므로 물가가 출렁거린다. 외국 관광객이 갖고 오는 돈을 엄격하게 규제할 수도 없는 노릇이다.

이게 다가 아니다. 예컨대 미국 달러가 유독 우리나라에서 인기가 있고 그래서 많이 유통된다고 해보자. 미국 정부가 자국 사정으로 달러를 더 많이 발행하면 그 일부가 우리나라로 유입될 테고, 우리나라 물가가 오르기 시작한다. 우리가 필요해서 달러 발행을 늘린 게 아니다. 한국은행이 달러 발행을 중지하라고 미국에 요구할 권한도 없다.

　결국 한국은행은 우리나라에 유통되는 돈에 대한 통제권을 상실하게 된다. 돈과 관련된 정책을 마음대로 펴지 못한다. 극단적으로 말하면 우리나라가 경제 주권을 상실해 특정 강대국이 국내 경제를 지배하는 최악의 상황이 될 수 있다.

　이를 용인할 나라는 없다. 그러니 다른 나라 돈을 사용하도록 허용하는 방안은 그냥 즐거운 상상으로 그치자.

돈의 통일

　한 가지 상상이 더 떠오른다. 만약 세계가 아예 한 가지 통일된 돈을 사용하면? 이에 대한 대답은 유럽에서 사용하는 유로에서 찾을 수 있다.

　유럽에서는 무역이 활발해지면서 일찍이 국가 간의 장벽으로 인한 어려움을 제거하고자 경제 공동체를 형성했다. 이들 나라끼리는 물자뿐 아니라 사람들의 교류도 매우 활발했다. 프랑스 사람들이 주말에는 독일로 가서 쇼핑을 하고, 벨기에 사람들이 좀 더 따뜻하고 날씨가 좋은 그리스로 휴가를 떠났다.

　이런 왕성한 교류의 걸림돌 가운데 하나가 서로 다른 돈을 사용한다는 점이었다. 그러다 마침내 EU가 출범했고, 한 걸음

유로 사용 국가

유로를 사용하는 국가	오스트리아, 벨기에, 사키프로스, 에스토니아, 핀란드, 프랑스, 독일, 그리스, 아일랜드, 이탈리아, 라트비아, 리투아니아, 룩셈부르크, 몰타, 네덜란드, 포르투갈, 슬로바키아, 슬로베니아, 스페인
유로를 사용하지 않는 국가	불가리아, 크로아티아, 체코, 덴마크, 헝가리, 폴란드, 루마니아, 스웨덴, 영국

더 나아가 같은 돈을 사용하자고 합의해 탄생한 것이 유로euro
화다.

유럽 지역을 여행하는 사람들에게도 이는 아주 반가운 소
식이었다. 나라를 이동할 때마다 돈을 환전해야 하는 번거로
움이 사라졌다. 게다가 환전 수수료도 절약할 수 있게 되었다.
2018년 기준으로 EU의 19개 나라가 유로를 사용한다. 유로는
유럽 국가들이 명실상부한 '하나의 유럽'을 향해 나아가는 데
있어 중요한 디딤돌이다.

유로의 중앙은행

여러 나라가 하나의 돈을 공동으로 사용하게 되면 각국 중
앙은행은 더 이상 자국의 돈을 발행하지 못한다. 뿐만 아니라

각국 중앙은행은 자국의 이자율을 결정할 권리도 더 이상 갖지 못한다. 돈과 관련된 독자적인 정책을 펼칠 수 없다.

유럽중앙은행은 1998년에 유로를 발행하고 유로와 관련된 정책을 결정하기 위해서 설립됐다. 유로를 사용하는 국가들의 중앙은행이다. 이곳이 결정한 정책은 유로 사용 국가에 공통적으로 적용된다. 국가마다 경제 상황이 다른데도 말이다.

영국 같은 나라가 유로 사용에 참여하지 않은 이유가 여기에 있다. 영국인들은 자국 돈인 파운드를 포기하기 싫어했다. 마음대로 경제 정책을 펼치지 못하고 다른 나라와 함께 정책을 결정해야 한다는 구속에도 반대했다. 다른 국가의 경제 문제에 자국 경제가 직접적인 영향을 받지 않길 바랐다. 영국 외에도 자국 돈을 고집하는 유럽 국가들이 여전히 많다.

하나의 통화를 사용하는 편리함과 긍정적인 측면도 있지만 유로를 사용하는 국가들이 여러 가지 몸살을 앓고 있는 것은 사실이다. 국가 사이의 이익 충돌로 인해 정책 결정 때마다 논란이 벌어진다. 그래서 유로가 사라지고 말 것이라며 앞날을 비관적으로 보는 전문가들도 있다.

지리적으로 인접하고 문화도 비교적 유사한 유럽이 이럴진대, 세계 200여 개 국가가 한 가지 돈으로 통일하는 일은 아직은 낭만적인 상상에 불과하다.

기축통화와 시뇨리지

세계는 지금
화폐 전쟁 중

돈이 곧 금이었던 시대

금이나 은 대신 오늘날처럼 지폐와 동전을 화폐로 사용한 것은 인류 역사를 생각해보면, 그리 오래된 일이 아니다.

화폐의 변화는 경제생활의 변화와 밀접하게 연관되어 있다. 경제 규모, 생산과 소비 양식, 거래 형식, 한 국가 내지는 문화권의 경제 가치관 등이 화폐에 고스란히 녹아 있다. 어떤 경제학자는 화폐를 연구하는 것이 곧 경제를 연구하는 것이라 이야기하기도 한다.

지폐를 화폐로 사용하기 시작한 세계 경제는 많은 변화를 거쳐 19세기에 금본위제도gold standard를 채택했다. 금본위제도란 각국이 자국 화폐의 가치를 1온스 단위 금으로 환산하여, 원하는 사람에게 화폐를 금으로 바꿔주는 제도다.

예를 들면 '금 1온스=35미국 달러, 금 1온스=7영국 파운드'로 정해놓고, 이 비율로 언제든지 금으로 교환할 수 있다. 국제적으로 어디서나 금 가격이 같으므로 이 경우 '35달러=7파운드'가 성립한다. 파운드와 달러 사이의 환율이 '5달러=1파운드'로 결정되는 것이다. 금값이 아무리 오르거나 내리더라도 이 환율은 변하지 않는다.

이런 점에서 금본위제도는 고정환율제도(환율을 일정 수준에서 변하지 않게 고정하는 제도)라 할 수 있다. 금의 가치가 현저하게 떨어지지 않는 한 화폐의 가치도 추락하지 않는다는 게 금본위제도의 장점이다.

금본위제도를 처음으로 실시한 나라는 영국이었다. 당시 영국의 파운드는 세계 무역의 60퍼센트를 장악했고, 런던 금융시장이 전 세계 투자의 절반을 소화할 정도로 영국의 위력은 대단했다.

금본위제도에서는 국가가 금을 보유하고 있어야만 그에 해당하는 화폐를 발행할 수 있다. 그래야만 화폐를 금으로 교환해준다는 국민과의 약속을 지킬 수 있기 때문이다.

영국에서 미국으로, 파운드에서 달러로

세계 경제의 규모가 점점 커지면서 금본위제도의 한계가 드러나기 시작했다. 돈을 더 많이 발행할 필요가 있지만 세계의 금 매장량이 정해져 있고 새로 금을 확보하기 어려워진 것이다. 돈 공급을 늘리고 싶어도 늘릴 수 없는 한계에 직면하였다.

영국은 마침내 금 부족을 이유로 금본위제도 포기를 선언했다. 파운드의 기축통화 역할이 막을 내리는 순간이었다. 기축통화란 '국제 결제나 금융 거래의 기본이 되는 통화'를 뜻하는데, 한마디로 세계의 중심 화폐다.

파운드화의 쇠퇴 이후, 한동안 국제 금융 질서는 절대적 힘의 공백기를 맞았다. 그러나 제1차 세계대전에서 유럽에 군수 물자를 공급했던 미국이 막대한 금을 확보함으로써, 달러화가 기축통화가 될 수 있는 유리한 고지를 점령했다.

제2차 세계대전이 끝날 무렵, 피해를 크게 입지 않은 미국은 자국을 중심으로 하는 새로운 국제 통화 체제를 만들기 위해 본격적으로 시동을 걸었다. 미국은 브레턴우즈Bretton Woods 라는 작은 마을에서 연합국 대표들과 회의를 가진 후, '금 1온스=35달러'로 정하고 미국 달러를 금과 교환할 수 있으며, 고정환율제도를 실시한다는 내용에 합의했다.

이른바 브레턴우즈 체제가 출범하는 순간이었다. 달러를 중심으로 하는 새로운 국제 통화 질서가 시작된 것이다. 이제 달러가 유일한 국제 결제 통화가 되었으며, 다른 나라의 통화는 모두 달러와의 교환 비율에 의해서 평가받기 시작했다.

브레턴우즈 체제에서는 미국의 달러만 금과 교환된다. 다른 나라 통화는 달러를 통해서 간접적으로 금으로 교환할 수 있다. 예를 들어 영국 파운드를 소지한 사람은 먼저 달러로 환전한 후, 달러를 금으로 교환해야 한다.

IMF의 탄생

브레턴우즈 회의에서는 세계 통화 질서를 유지하고 각국의 통화 가치를 안정시키기 위해서 국제기구를 하나 만들기로 합의했다. 1944년에 탄생한 IMF가 그것이다.

UN과 같은 국제기구는 일반적으로 한 국가가 하나의 투표권을 행사하지만 IMF는 독특하게 각국의 투자 지분에 비례해서 투표권을 갖는다. 이른바 '1달러 1표제'다. 투자 지분을 많이 출자한 국가가 투표권을 많이 갖고, 중요한 의사결정을 좌지우지할 힘이 있다. 마치 대주주의 목소리가 큰 주식회사와 같다.

그래서 투자 지분이 가장 많은 미국이 IMF의 주도권을 쥐고 있다. 본부도 미국의 수도인 워싱턴에 있다. 회원국이 원한다고 지분을 마음대로 늘릴 수도 없다. 다른 국가들이 자신의 지분이 상대적으로 줄어드는 것을 받아들이지 않기 때문이다.

미국은 브레턴우즈 체제하에서 한동안 태평성대를 구가했다. 전쟁 후유증도 적었고, 세계의 유능한 인력이 미국으로 몰리면서 미국의 과학기술은 세계 최고의 자리를 확고히 했다. 생산성도 높았고 미국이 생산하는 상품은 품질이 좋아 세계 각국에서 대단한 인기를 얻었다.

달러라는 강력한 기축통화 덕분에 국제 무역의 결제가 원활해지면서 세계 경제도 호황으로 이어졌다.

고정환율제도에서 변동환율제도로의 변화

그러나 해가 지지 않을 것 같던 미국 경제에도 그림자가 드리우기 시작했다. 1960년대 베트남전쟁에 참전하면서 미국은 막대한 전쟁 비용을 조달하려고 금을 중앙은행에 비축하지 않은 채 달러를 찍어냈다.

또한 제2차 세계대전의 패전국인 독일이나 일본 경제의 재도약과 우리나라와 같은 신흥 공업국의 급성장으로 미국 상품의 국제 경쟁력이 약화되면서, 무역에서도 독보적인 입지가 흔들리기 시작했다. 미국은 재정과 무역 모두에서 엄청난 적자에 허덕였다. 두 개의 중요한 수지, 즉 재정 수지와 경상 수지가 모두 적자라는 뜻에서 이런 상황을 '쌍둥이 적자'라고 표현한다.

늘어나는 재정 적자와 경상 수지 적자를 메우기 위해서 미국은 달러를 계속 발행했다. 금을 확보하지 못한 상태에서 달러 공급이 늘어나니, 달러 가치는 당연히 하락했다. 금 1온스를 사려면 브레턴우즈에서 약속했던 35달러가 아니라 40달러나 45달러를 주어야 할 만큼 가치가 떨어졌다.

달러를 보유하고 있던 국가들은 발등에 불이 떨어졌다. 보유한 달러 가치가 떨어지니 불안해졌다. 달러를 남발하는 미국에 대한 불만도 커져갔다. 마침내 프랑스가 금고에 보관하고 있던 달러를 당장 금으로 바꿔달라며 미국을 위협했다.

교환해줄 금이 없었던 미국은 1971년에 달러를 금으로 교환해주지 않겠다는 충격적인 선언을 했다. 브레턴우즈 체제의 근간인 달러의 금 태환 약속을 포기한다는 말은 브레턴우즈 체제의 종말을 뜻했다.

1973년 석유 파동까지 경험한 세계 경제는 고정환율제도를 포기하고 1976년에 공식적으로 변동환율제도(환율이 시장에서 수요와 공급에 의해서 자유롭게 결정되고 변하도록 허용하는 제도)를 채택했다. 그리고 지금까지 그대로 이어지고 있다.

오늘날 달러가 금으로 교환되지 않고 각국이 환율 제도를 자유롭게 결정할 수 있음에도 불구하고 달러의 통화 패권은 여전히 유지되고 있다. 달러가 기축통화의 역할을 계속 담당하고 있는 것은 미국이 아직은 세계 최강국일 뿐 아니라, 달러를 대체할 만한 뚜렷한 통화가 없기 때문이다. 영국의 파운드, 독일의 마르크, 일본의 엔 등이 후보로 떠올랐었지만, 경제력 측면에서 달러를 대체하기에는 역부족이었다.

시뇨리지의 함정

돈을 찍어내기 위해서는 종이와 잉크 비용, 한국조폐공사 운영비 정도면 충분하다. 실제로 우리나라 1만 원권의 제조 비용은 몇백 원에 불과하다. 국가는 종이돈 1만 원권을 한 장 발행할 때마다 9000원이 넘는 엄청난 차익을 얻는 셈이다. 속된 말로 화폐 발행은 '남는 장사'다. 그것도 수익률이 엄청 높다. 게다가 화폐 발행은 독점이므로 이득은 모조리 국가의 몫이다.

이와 같이 돈의 액면 가치와 돈을 만드는 데 필요한 주조 비용 사이의 차이를 '화폐 발행의 이득'이라고 부른다. 영어로는 시뇨리지seigniorage라고 한다. 여기에서 'seignior'는 봉건 시

대의 군주나 지배자를 뜻하는 말이다. 당시 화폐를 발행하는 특권을 가졌던 군주가 화폐 발행을 통해 막대한 수입을 올렸던 데에서 시뇨리지라는 말이 유래했다.

역사적으로 화폐 발행의 이득을 챙기기 위해서 화폐 공급을 남발한 국가들이 꽤 있다. 그렇지만 세상에 공짜는 없는 법이다. 발행할 때는 좋았지만 곧 인플레이션과 화폐 가치의 폭락이라는 후폭풍이 닥쳤고, 그 고통은 오롯이 국민들의 몫이었음은 널리 알려진 사실이다.

이런 점에서 오늘날의 화폐 제도는 욕심을 버릴 줄 알고 통

282

화량 남발을 자제할 수 있는 자제력을 지닌 국가에게나 어울린다. 돈 장사의 유혹에 쉽게 넘어가는 국가는 건전한 경제 성장을 지속할 수 없으며 오늘날의 화폐 제도에 부적격하다.

우리나라도 과거에 고도성장에만 목을 매고 있을 때, 정부가 화폐 발행의 이득을 많이 챙겼다. 그 결과 우리 국민들이 물가 불안의 고통을 겪었음은 두말할 나위가 없다.

유로와 위안에 봄이 올까?

달러가 국제 거래의 기축통화가 된 이후 미국이 국내에서뿐 아니라 세계적으로 챙긴 시뇨리지는 천문학적이다. 하지만 미국 달러가 영원히 통화 패권을 독차지하고 있을 거라고 믿는 사람은 없다.

글로벌 금융 위기로 인해서 미국의 위상이 또다시 떨어졌다. 천문학적 규모의 경상 수지 및 재정 적자가 여전히 해결되지 않았다. 미국 경제의 신뢰도가 추락하고 있다.

미국의 유명한 경제사학자 찰스 킨들버거Charles Kindleberger는 역사적으로도 세계 경제 패권이 한곳에 머무르지 않고 100년마다 바뀌었다고 주장했다. 15세기에 이탈리아에서 시작해서, 16세기 스페인과 포르투갈, 17세기 네덜란드, 18세기 프랑스, 19세기 영국을 거쳐 20세기에 미국으로 옮겨 갔다는 주장이다.

물론 이러한 견해에 대한 반론도 만만치 않지만, "부자가 3대 가지 못한다"는 우리 속담처럼 기축통화에도 수명이 있다. 달러화의 통화 패권 지속 여부는 미국 경제의 쇠퇴 여부에 달렸다.

기축통화의 자리를 호시탐탐 노리는 화폐들도 있다. 그중 유로가 강력한 후보다. 유로를 사용하는 인구가 3억 명이 넘으며, 유통 중인 유로 가치의 합은 달러를 넘어선 지 오래다. 현재 달러에 이어 제2의 기축통화 역할을 하고 있는 유로가 사용 인구, 경제 규모, 가치 등 어느 면으로 보나 달러의 가장 강력한 적수임에 틀림없다. 한 가지 걸림돌이 있다면 유로는 단일 국가의 통화가 아니라 유럽 국가들의 '연합'에 의한 통화라는 점이다.

한 자리뿐인 세계 중심 통화의 자리를 놓고 치열하게 진행되는 화폐 전쟁에 중국이 빠질 리 없다. 미국에 대한 세계 최대 채권국인 중국은 세계 최다의 인구와 급성장하고 있는 경제력을 바탕으로 달러의 지위를 슬금슬금 흔들고 있다. 동시에 위안을 기축통화로 만들기 위한 포석을 놓기 시작했다. 그 첫 단추로 중국은 위안으로 결제하는 무역 거래 비중을 높여나가고 있다.

과연 기축통화가 바뀔 것인지, 바뀐다면 누가 그 자리를 차지할 것인지, 기축통화의 패권을 놓고 세계는 지금도 치열하게 물밑 경쟁을 하고 있다.

WTO와 GATT

자유무역
서포터스

우리나라에 수출하지 않겠다는 일본 정부

일본 정부는 반도체와 디스플레이 소재 3개 품목을 우리나라에 수출하지 못하게 규제하기 시작했다. 2019년 7월의 일이다. 이를 두고 언론에서는 "한일 무역 전쟁의 서막이 올랐다"고 표현했다.

일본 정부는 이 규제가 WTO의 규칙에 부합하며 자유무역 정신을 위배하지 않는다고 변명하고 있다. 한마디로 보호무역 정책이 아니라는 말이다. 그러나 우리의 입장은 정반대다. 명백히 부당한 경제 보복이며 보호무역이다.

이번 일본의 수출 규제는 우리가 지금까지 생각했던 보호무역의 전형적 사례와는 사뭇 다르다. 보호무역을 할 때 보통은 외국 상품이 자국에 수입되는 것을 규제하는 방식을 채택한다. 외국으로부터 수입되는 물건의 양을 줄이거나 아예 금지하여 자국 산업을 보호하려는 취지에서다. 수입품에 관세를 부과하는 것이 보호무역을 위해 가장 보편적으로 사용하는 수단이다.

그런데 일본이 취한 수단은 자국 기업이 생산한 물건을 우리나라에 수출하지 못하게 규제하는 것이다. 물건을 수출하지 못하니 당연히 자국의 생산 기업에도 피해가 돌아간다. 일본 정부가 이를 모를 리 없다. 그럼에도 이처럼 이례적 조치를 취한 배경에는 한국의 핵심 산업인 반도체와 디스플레이에 타격을 가하겠다는 저의가 깔렸음은 삼척동자도 짐작할 수 있다. 일본도 피해를 보지만 한국의 피해가 더 크리라는 치밀한 계산도 당연히 있었을 것이다.

2019년에 일본이 수출을 규제한 품목은 반도체와 디스플레이 생산 과정에 반드시 필요한 핵심 소재들이다. 반도체와 디스플레이 생산에서 세계 1위인 우리나라로서는 생산에 차질을 빚을 테니, 타격을 피하기 어렵다.

이 피해는 우리나라 기업에 그치지 않는다. 우리가 공급하는 반도체나 디스플레이가 들어가는 각종 전자제품을 생산하는 전 세계 기업들이 연쇄적으로 곤란을 겪는다. 이들 전자제품의 공급이 위축되므로 가격도 오른다. 이제 피해는 전 세계 소비자에게 돌아간다. 그 가운데에는 당연히 일본 소비자도 포함된다.

그러면 이 무역 전쟁에서 이득을 얻는 사람이나 기업은? 딱히 떠오르지 않는다. 그럼에도 일본이 수출 규제 조치를 단행한 것을 보면, 이는 경제적 사고방식에 의한 의사결정이 아니라는 합리적 추론이 가능하다. 정치적 고려에 의한 규제책임이 분명하다.

국제기구가 아니라 국제협정인 GATT

일본이 핵심 부품의 수출을 규제하자, 우리나라 정부는 일본을 WTO에 제소했다. GATT에서 명시하는 최혜국 대우 원칙 등을 일본이 위반했다는 판단에 따른 조치다.

위와 같은 이슈에 대해 보도하는 뉴스나 신문기사에는 'WTO'나 'GATT', '최혜국 대우' 같은 생소한 용어들이 연속 등장한다. 이게 다 무슨 소리일까? 하나씩 풀어보자.

무역 이야기를 할 때면 빠지지 않고 나오는 용어가 WTO와 GATT다. 이 둘은 실제로 밀접한 관계가 있다. 둘 다 자유무역을 확대하자는 취지를 지니므로 언론에서 종종 혼용하기도 한다. 그렇지만 분명히 같은 말은 아니다.

먼저 더 오랜 역사를 지닌 GATT부터 알아보자. 우리말로 '관세 및 무역에 관한 일반 협정General Agreement on Tariffs and Trade'이다. 정식 명칭이 다소 길어 약칭인 GATT로 쓰는 경향이 있다. 그리고 결론부터 말하면, WTO는 GATT에 뿌리를 두고 생겨난 국제기구다.

GATT의 시작은 제2차 세계대전까지 거슬러 간다. 종전이 다가오자 서방 주요국들은 전쟁 이후에 세계 경제 및 금융 질서를 확립할 필요를 인지했고, 이를 추진하기 위해서 몇 개의 국제기구를 설립하기로 합의했다. 그 가운데 하나가 IMF다. 우리나라 외환 위기 때 유명세를 탄 바로 그 기구로, 전 세계의 금융 질서를 다스리기 위해 설립되었다.

선진국들이 만들기로 합의한 국제기구가 하나 더 있었다. ITO국제무역기구다. 국제 무역 질서, 구체적으로는 세계의 자유무역을 확대하기 위해서 설립하기로 한 기구다. 그러나 일부 국가의 의회가 ITO 설립에 반대했다. 결국 ITO는 빛도 보지 못한 채 역사 속으로 사라졌다.

상황이 이렇게 되자, 선진국들은 대안으로 자유무역 실현을 위한 몇 가지 합의안을 마련하고 1948년에 협정을 체결했다. 이것이 관세 및 무역에 관한 일반 협정, GATT다. 즉, GATT는 국제기구가 아니라, 국제협정이다. 비록 국제기구는 만들지 못했지만 협정을 통해서라도 자유무역을 추구하자는 취지였다. 우리나라는 1967년에 GATT 의정서에 서명함으로써 회원국이 되었다.

차별하지 마! 최혜국 대우

GATT의 목적은 한마디로 자유무역 실현이다. 이 목적을 위해서 각국이 관세를 인하하고, 수량 제한(쿼터제)이나 비관세 장벽 같은 보호무역 조치를 지속적으로 줄여가자는 기본 원칙을 마련했다.

그리고 GATT는 자유무역을 확대하는 데 도움이 된다고 생각하는 기본 원칙 몇 가지를 채택했다. 최혜국 대우, 내국민 대우 등이 그것이다.

최혜국most favored nation 대우란 쉽게 이야기하면 회원국끼리 차별하지 말아야 한다는 원칙이다. 어떤 국가에 대해서 제공하는 우호적 조건이 있다면, 그 우호적 조건을 다른 국가에도 동일하게 제공해야 한다는 뜻이다. 예를 들어, 미국이 일본에 5퍼센트 관세를 부과하면서 중국에 대해서는 10퍼센트의 높은 관세를

의리~ 의리~

부과한다면, 중국은 최혜국 대우를 받지 못하는 셈이다.

　우리나라가 2019년 일본의 수출 규제에 맞서 WTO에 제소한 근거 가운데 하나가 최혜국 대우 원칙이다. 일본의 수출 규제가 어떻게 최혜국 대우 원칙을 위반할 소지가 있는지 따져보자.

　각국에는 화이트리스트, 우리말로 백색국가 목록이란 게 있다. 백색국가? 이건 또 무슨 소리인가? 어느 국가의 입장에서 볼 때, 안보상 문제가 없다고 판단한 안보 우방국을 백색국가라고 부른다. 전략적 상품을 수출할 때 이들 국가는 안보상 문제가 없으므로 허가 절차 등에서 우대를 해주겠다는 것이다.

일본이 백색국가로 지정한 국가는 27개이며 아시아에서는 우리나라가 유일하다. 백색국가에 포함되지 않으면 일본에서 전략 물자를 수입할 때 별도로 까다로운 심사를 받아야 해서 수입이 힘들어진다.

일본이 우리나라를 백색국가 27개국에서 제외하면, 나머지 26개국과 비교해 우리나라를 차별하므로 최혜국 대우 원칙 위반이라는 게 우리 정부의 주장이다. 최혜국 대우는 GATT 협정문의 1조 1항에 명시될 정도로 자유무역을 실현하는 데 있어 가장 기본 정신이라 할 수 있다.

국내에 들어왔으면 국산품 대접

GATT가 채택한 두 번째 기본 원칙은 내국민 대우 원칙이다. 수입품이 국내 시장에 들어온 이후에는 국산품과 수입품을 차별 대우해서는 안 된다는 것이다.

한마디로 국산품과 수입품 간에 공정한 경쟁을 보장해야 한다. 예를 들면 국산 과일과 달리 수입 과일은 슈퍼마켓의 입구에 진열하지 못하고 구석에서만 팔게 규제한다면, 불공정 행위이자 내국민 대우 원칙 위반이다.

GATT는 1948년에 처음 채택된 이후, 관세 인하와 자유무역 확대 정신을 이어가기 위해서 몇 년에 한 번씩 국제 협상을 이어갔다. GATT에서는 이러한 협상을 라운드round라고 표현한다. 예를 들면 1947년의 1차 협상을 제네바라운드, 프랑스 안시에서 열린 1949년의 2차 협상을 안시라운드, 1973~1979년의 7차 협상을 도쿄라운드 등으로 부른다. 대개는 협상이 열린 도시 이름을 따서 라운드 명칭이 결정되는데, 5차와 6차는 각각 사람 이름을 따서 딜런라운드, 케네디라운드라 불린다.

농산물, 서비스, 지적재산권도 자유무역

이와 같은 지속적인 노력에도 불구하고 GATT는 1980년대에 들어와 위기를 맞는다. 자국의 이익을 우선해서 무역 규제를 확대하고 관세 인상을 채택하는 국가들이 늘어나면서 보호무역 움직임이 거세진 탓이다. 그러자 GATT를 가지고는 자유무역을 확대하는 데 한계에 봉착했다는 시각이 증폭되었다. 또한 미국은 무역 적자에서 벗어날 조짐이 없었다.

그러자 미국을 비롯한 일부 선진국이 상황을 반전시키기 위해서 획기적인 변화를 시도하기 시작했다. 그동안 소홀히 생각했던 서비스 산업까지 자유무역의 테두리 안에 적극적으로 포함하려는 움직임을 보인 것이다. 공산품과 달리 서비스에서는 미국이나 선진국이 상대적으로 강점을 갖고 있었기 때문이다. 서비스뿐만이 아니었다. 그들은 농산물과 지적재산권도 자유무역의 테두리 안에 넣어야겠다고 생각했다.

그렇게 해서라도 자국의 무역 수지를 개선해야겠다는 것이 미국 및 선진국들의 의도였다. 그들은 이 목표를 위해서는 지금까지의 국제 규범에 한계가 있다고 보고, 새로운 국제 규범을 마련하기로 결정했다.

서비스와 농산물과 지적재산권 분야에서의 국제 교역 문제를 본격적으로 논의한 자리가 바로 그 유명한 우루과이라운드다. 1986년의 일이다.

우루과이라운드의 골자는 국제 거래가 이루어지는 지구상의 모든 것을 자유롭게 무역하자는 것이었다. 우루과이라운드의 영향은 우리나라에도 직접 다가왔다. 금융, 유통, 교육 등 다양한 분야의 서비스 시장을 개방해야 했다. 외국 금융 회사, 외국계 대형할인점, 외국인이 운영하는 학교 등이 우리나라에 허용되었다.

농산물 시장의 개방은 더 민감한 문제였다. 하지만 세계 흐름상, 개방 자체는 막을 수 없었기에 우리나라도 농산물 수입을 허용했다. 최후의 보루였던 쌀 시장도 열었다. 그나마 전면 개방이 아니라 부분적으로만 개방한 데에 만족해야 했다. 부분

GATT 무역 라운드

연도	장소	라운드	국가 수
1947	스위스 제네바	제네바	23
1949	프랑스 안시	안시	13
1951	영국 토키	토키	38
1955 ~ 1956	스위스 제네바	제네바	26
1960 ~ 1962	스위스 제네바	딜런	26
1964 ~ 1967	스위스 제네바	케네디	62
1973 ~ 1979	일본 도쿄	도쿄	102
1986 ~ 1994	우루과이	우루과이	123
2001 ~ 2013	카타르 도하	도하	159

개방이지만 외국산 쌀이 수입된다는 데에 대해서 국내 반발이 극심했다. 반대 시위와 정치권의 다툼으로 온 나라가 시끄러웠다. 당시 '우루과이라운드'가 우리나라 사람이라면 누구나 알 정도로 유명한 용어가 된 것도 다 쌀 시장 개방 때문이었다.

지금은 어떤가. 현재 우리나라에 외국 쌀이 수입되고 있다는 사실을 아는 청소년들은 얼마나 될까. 아마 별로 없을 것이다. 외국 쌀을 슈퍼마켓에서 본 적도 없을 터. 우리끼리 왜 그리 시끄럽게 싸우고 국력과 시간을 낭비했는지 지금 생각해보면 안타깝기 그지없다.

GATT를 기반으로 탄생한 국제기구 WTO

우루과이라운드는 다른 라운드와 달리 또 하나의 의미 있는 실적을 남겼다. GATT가 '형체가 없는' 협정에 불과해서, 규정을 위반하는 국가가 나타나거나 국가 간 분쟁이 발생하더라도 대처하기 힘들었다는 문제점을 인지한 선진국들은 과거 설립에 실패했던 ITO 같은 국제기구를 만들어야겠다고 판단했다. 마침내 결실을 맺어 1995년에 '실제 형태가 있는' 세계무역기구, WTO가 탄생했다. 규정을 위반하는 국가에 압력을 행사할 수 있는 권한도 부여했다.

결국 GATT 정신을 계승하면서, 우루과이라운드 협정이 제대로 이행되고 있는지 감시하고 자유무역을 좀 더 확실하게 추진하기 위한 목적에서 출범한 국제기구가 WTO다. WTO는 무역에서 나라에 차별을 두지 않는 최혜국 대우 원칙과 국산품과 수입품을 차별하지 않는 내국민 대우 원칙 정신을 그대로 계승하고 있다. GATT와 WTO의 기본 원칙에 실질적인 차이가 없다는 뜻이다.

본부는 스위스 제네바에 있으며 대부분의 국가가 회원국으로 가입되어 있다. 우리나라 역시 GATT 회원국으로서, WTO의 출범과 함께 회원국이 되었다. 그러나 북한, 아프리카의 일

GATT와 WTO

구분	GATT	WTO
성격	기관 구조가 없는 국제협정	초국가적 성격의 국제기구
주요 관심	상품의 자유무역	상품과 서비스의 자유무역 지적재산권 보호
분쟁 해결	느슨하고 구속력이 약함	상설 분쟁해결기구를 통한 해결

부 국가는 여전히 WTO 회원국이 아니다.

WTO에는 회원국 사이에 무역 분쟁이 발생할 때 이를 중재하는 판정을 내리는 분쟁해결기구가 있다. 2019년에 우리나라가 일본을 제소한 곳도 바로 여기다.

후쿠시마 수산물 수입 금지에서 승소한 우리나라

우리나라와 일본이 WTO에서 맞붙은 것은 이번이 처음이 아니다.

2013년 일본 후쿠시마에 쓰나미가 덮쳐 핵발전소가 폭발하는 초유의 사태가 발생했다. 일부 방사능 물질이 바다로 흘러들었으니 수산물이 오염되었음은 명백한 일. 이에 우리나라는 일본 후쿠시마 인근 지역에서 생산되는 수산물의 수입을 금지했다. 너무도 당연한 일이었다.

그러자 일본은 우리나라를 WTO에 제소했다. 우리나라의 수산물 수입 금지가 차별이며 지나친 무역 제한이라는 주장이었다. 말도 안 되는 생트집이었다.

WTO는 2019년 4월에 일본의 주장이 잘못되었다고 최종 판결했다. 한국이 원전 사고에 따라 식품 오염에 영향을 미칠 수 있는 환경 요인을 따지는 게 타당하며, 이는 WTO 협정에 합치한다는 요지였다. 우리나라의 승리였다.

만약 회원국이 WTO 분쟁해결기구의 결정을 이행하지 않으면 상대국이 보복을 할 수 있다. 그렇지만 여기에도 힘의 논리가 작용하고 있음을 부인하기 힘들다. 예를 들어 미국이 결정을 이행하지 않을 때, 미국에 보복을 감행할 나라가 있을지 의문이다. 미국을 제재할 강제 수단도 마땅히 없다.

WTO가 받는 비판도 이러한 현실에서 기인한다. WTO의 조약이 선진국과 다국적 기업에 유리하고 더 많은 혜택을 주고 있다는 비판이다.

FTA

우선
우리끼리

FTA는 WTO와 어떻게 다른가

WTO 말고, 세계 무역 질서에서 발견할 수 있는 또 하나의 중요한 흐름이 있다. 약칭 FTA로 잘 알려져 있는 자유무역협정Free Trade Agreement이다. FTA는 무엇이며 WTO와 어떤 관계에 있을까? 그리고 이 둘은 어떻게 다를까?

FTA는 국가와 국가 사이에 존재하는 무역 장벽을 완화하거나 철폐하여 자유무역을 실현하기 위해 맺는 무역협정이다. 자유무역을 추구한다는 점에서는 WTO와 다를 바 없다. 하지만 차이가 있다.

WTO는 모든 회원국에게 최혜국 대우를 보장해주는 기본 원칙을 채택하고 있다. 즉, 기본적으로 세계 전체 회원국의 자유무역을 추진하는 것이 핵심 원칙이다. 이는 매우 이상적인 목표이지만 현실적으로 볼 때 빠른 시일 안에 실현하기 어렵다. 국가마다 경제 수준과 여건이 천차만별이며 생각 또한 제각각이다. 지리적으로나 문화적으로 거리가 먼 국가들이 모두 예외 없이 자유무역을 하는 일은 먼 미래에나 기대해볼 수 있으리라.

지금까지 많은 국가가 동시에 협상에 참가해서 논의해본 결과, 모든 국가를 만족시켜줄 수 있는 합의안 도출에 실패하기 일쑤였다. 상이한 각국의 입장이 충돌하여 협상 성과가 부진했고, 협상 효율성이 낮았다. 이와 같은 문제점을 인식하고 지리적으로 인접한 국가끼리, 또는 경제 여건이나 수준이 비슷한 국가끼리, 또는 서로 욕구나 동기가 부합하는 국가끼리라도 우선 자유무역을 실시하자는 생각이 자연스럽게 태동하였다. 이들 국가끼리 맺은 것이 자유무역협정, FTA다.

결론적으로 WTO는 다자주의를, FTA는 양자주의를 기본으로 한다는 차이가 있다. 다자주의는 기본적으로 세계 대다수 국가가 동시에 협상에 참가하여 공동의 목표를 추구하는 것을 정책 기조로 한다. 반면에 양자주의는 2개국 또는 소수 국가들

WTO와 FTA 비교

WTO	FTA
다자주의 - WTO 가입국 모두의 동의가 필요함	양자주의 - 양자 간의 동의로 협정을 체결함
핵심 목표 - 관세 장벽을 낮추는 것	핵심 목표 - 관세를 없애는 것
WTO 가입국 모두의 동의가 필요하므로 협상 시간이 오래 걸림 각국의 이해관계가 매우 복잡하게 얽혀 있으므로 협상이 쉽지 않음	조약을 맺은 양국 간에만 관세를 없애는 것이므로 신속하고 효율적인 협상이 가능함

사이의 공동 목표를 추구한다. 이는 보통 FTA가 지리적으로 인접하거나 문화적으로 공통성을 지닌 국가들 사이에서 체결되는 경향이 있어서 지역주의라고도 불린다. 그래서 FTA를 지역무역협정이라는 뜻의 RTARegional Trade Agreement로 부르기도 한다.

FTA가 반드시 지리적으로 인접한 국가끼리만 체결하는 것은 아니다. 우리나라가 칠레나 미국과 FTA를 체결한 것처럼 원거리 FTA 체결도 늘어나고 있다. 교통이 발달한 오늘날, 경제적 이해만 맞는다면 지리적 거리는 FTA 체결에 걸림돌이 되지 않는다.

완전한 경제 통합을 향하여

　FTA에는 크게 두 가지 형태가 있다. FTA를 체결한 회원국이 기존에 채택하고 있던 관세 정책 및 수출입 제도를 계속 유지하면서, 체결한 국가끼리만 무역 장벽을 완화하거나 철폐해 가는 것이 그 첫 번째 형태다. 미국, 캐나다, 멕시코 3국이 체결한 NAFTA^{북미자유무역협정}가 대표적 사례다. NAFTA를 맺은 미국, 캐나다, 멕시코는 서로 간의 자유무역을 확대하고 있지만, 제3국에 대해서는 서로 다른 관세율을 적용하고 있다.

　이 단계에서 더 나아가 FTA를 체결한 모든 회원국이 자국의 고유 관세 정책과 수출입 제도를 포기하고, 단일 관세와 공동 수출입 제도를 유지하는 형태도 있다. EU가 대표적 사례다. 즉, 독일이나 프랑스는 우리나라에 동일한 관세 정책을 적용하고 있다. 뿐만 아니라 회원국 내에서는 노동 같은 생산요소가 자유롭게 이동할 수 있으며 국가를 떠나 EU 전체를 통괄하는 기구를 통해 정책을 결정하는 '완전 경제 통합'을 이루고 있다. 모든 면에서 시장이 하나로 통합되었으므로 EU는 단일 시장으로 불린다.

WTO도 인정하는 끼리끼리

FTA를 체결한 국가들끼리는 자유무역을 실시하지만, 비회원국에게는 차별적인 무역 장벽을 둔다면? GATT나 WTO의 제1원칙인 최혜국 대우를 위반하는 셈이다. 그렇다면 WTO는 FTA에 제재를 가하거나 반대해야 하지 않을까?

FTA가 비록 회원국 사이에 한정되기는 하지만 기본적으로 무역 자유화를 추구한다는 점에서 WTO는 일정 조건을 충족할 경우 최혜국 대우 의무에 대한 예외를 인정해준다. 예를 들어 비회원국에 대해서 무역 장벽을 더 높여서는 안 된다는 등의 조건을 내걸고 있다. 어느 국가도 자유무역을 하지 않는 것보다는 일부 국가끼리라도 자유무역을 실시하는 게 더 낫다는 생각에서다.

FTA가 더 많이 체결되고 세계의 많은 국가가 이런저런 FTA 체결에 동참하게 된다면, 이는 장기적으로 세계 전체의 무역 자유화에도 도움이 될 수 있다. 그래서 전문가들은 FTA 같은 지역주의를 WTO의 다자주의 실현을 위한 보완 수단으로 평가한다. FTA 확산을 통해 세계 무역의 점진적 자유화를 기대할 수 있기 때문이다. 2018년 1월 기준으로 전 세계에 발효된 FTA 건수는 250개가 넘으며 매년 그 수가 증가한다.

우리가 FTA를 무시하면

우리나라는 수출을 통해 눈부신 경제 성장을 이룩한 국가다. 지금도 수출 없이는 경제 성장이 매우 더딜 정도로 대외 의존도가 높다. 내수 시장의 역할이 더 커질 때까지 수출의 중요성을 무시할 수 없다.

그러므로 우리나라는 지속적 성장을 위해서 무역 확대가 필수적이다. 좀 더 직설적으로 표현하면 세계 시장에 우리의 성장 여부가 달려 있다. 그러므로 세계적으로 확산되는 FTA를 먼 산 쳐다보듯이 방관하고 있을 수 없는 노릇이다.

해외에서 EU와 NAFTA가 체결되면서 세계 1위와 2위의 지역 경제 시장이 형성되었다. 이들 회원국은 서로에게는 관세를 낮추거나 철폐하지만, 우리나라 같은 비회원국에는 높은 관세율을 적용한다. FTA에 속하지 않은 국가로서 큰 불이익을 받게 된다는 뜻이다. 우리의 주요 교역국이 다른 국가와 먼저 FTA를 체결하면 우리 상품은 높은 관세율을 적용받아 가격 경쟁력이 뒤처져 그 시장을 뺏기게 된다.

그러므로 우리나라도 세계적 흐름에 동참하여 불이익을 줄이고 능동적으로 세계 시장에 뛰어들어야 한다. 더욱이 우리나라는 무역 규모로 볼 때 세계 10위 수준이다. 이른바 무역 대국이다. 수동적으로 뒷짐을 지고 있어도 되는 위치가 결코 아니다.

우리의 생활을 바꾼 FTA

우리나라가 가장 먼저 FTA를 체결한 상대국이 어디인지 아는가? 칠레다. 놀랍지 않은가? 일본도 아니며, 지리적으로 가까운 아시아 국가도 아니다. 오히려 지구 정반대편에 위치한 남미의 칠레다.

우리가 칠레를 첫 파트너로 선정한 이유는 FTA를 통해 서로 얻을 수 있는 이득이 큰 반면에 피해는 비교적 작다는 판단에서다. 우리나라는 국제 시장에서 일반적으로 농업 분야가 취약하다. 자유무역을 통해 시장을 개방하면 농산물 시장이 큰 타격을 입는다. 농업에 경쟁력을 가진 아시아 국가들과 선뜻 FTA를 체결하지 못한 이유도 그래서다.

칠레는 다르다. 우리나라와 달리 칠레는 남반구에 위치한다. 우리나라에서 과일 생산이 드문 계절은 낮은 온도의 겨울이다. 이때 칠레는 여름으로, 과일이 풍부하다. 우리가 겨울일 때 칠레로부터 과일을 수입한다면 농가가 입는 피해를 최소화할 수 있다. 동시에 소비자가 얻는 효용은 최대화할 수 있다.

그래서 2004년에 우리나라는 칠레와 사상 처음으로 FTA를 체결했다. 추운 겨울에 우리 식탁에 포도가 등장하기 시작한 것이 이때부터다. 우리나라 사람들이 본격적으로 와인을 음미하기 시작한 것도 이 무렵이다.

칠레와 FTA를 체결하고 경제 규모가 작은 싱가포르와 FTA를 체결하며 경험을 축적한 우리나라는 ASEAN^{동남아시아국가연합}, 인도, EU, 미국 등 FTA 상대국을 연속적으로 확대했다.

이외에도 터키, 호주, 캐나다, 중국, 베트남, 콜롬비아 등 현재 우리나라가 FTA를 체결한 국가는 50개가 넘는다.

이제는 과일주스 메뉴에 망고나 바나나가 빠지지 않는다. 프랑스산 밀가루와 이탈리아산 치즈로 만든 빵을 포기할 소비자가 있을까. 미국이나 호주에서 들어온 소고기가 없었다면 우리의 식탁은 좀 더 허전하고 물가는 지금보다 한층 높았을 게 분명하다.

누가 뭐래도 FTA가 주는 긍정적 효과의 최대 수혜자는 국내 소비자들이다. 우리나라 소비자도 이 사실을 잘 안다. 한국소비자원이 칠레와의 FTA 발효 15주년을 맞아 조사한 결과, 소비자의 3분의 2가 FTA를 통해 소비자 후생이 증가했다고 응답했다. 특히 상품 선택의 폭이 넓어지고 상품의 품질이 향상되었으며 가격이 하락했다는 점을 긍정적으로 평가했다.

우리 농산물을 수출하자

FTA를 체결하면 우리 상품을 수출할 수 있는 시장을 넓히고 관련 투자를 확대할 수 있다는 장점이 있다. 예를 들면 다른 국가에 비해 비교 우위를 점하고 있는 반도체나 스마트폰 등 정보기술 산업은 FTA를 체결함으로써 이익을 더 확대하고,

수출 시장을 다변화할 수 있다. 물론 빛이 있으면 그림자가 있다. 우리가 빛만 누릴 수는 없다.

상대국에 비해 경쟁력이 낮은 우리 산업은 위축되거나 문을 닫아야 하는 위험에 처한다. 우리나라의 농업이 이에 해당한다. 그래서 우리나라는 농업 문제가 FTA를 가로막는 가장 큰 요인이다.

그렇다고 농업을 포기할 필요는 없다. 그래서도 안 된다. 우리의 제조업이나 정보통신 기술이 처음부터 비교 우위를 지녔던 것은 아니다. 꾸준히 투자하고 연구하고 노력한 결과 국제 경쟁력을 확보했다.

농업이라고 안 될 리 없다. 우리나라의 농업이 경쟁력이 낮은 이유는 그동안 이에 관심이 적었고 투자와 연구가 부족했던 탓이다. 농업도 기술력이 좌우하는 시대다. 날씨와 비좁은 땅만 탓하고 있을 때가 아니다. 지금부터라도 농업 관련 기술 개발에 투자해 새로운 종자를 개발하고, 농산물의 생산성을 높여서 우리 농산물을 외국으로 수출해야 한다.

영국 중앙은행이
털리던 날

세상에서 가장 뜨거운, 그러나 가장 냉정한 돈

'뜨거운 감자'란 말이 있다. 이러지도 저러지도 못할 정도로 곤란하거나, 다루기 힘들고 유쾌하지 못한 이슈를 가리키는 용어다. 먹으려면 껍질을 까야 하는데 뜨거워 만질 수 없는 감자에 빗댄 말이다. 국민연금 개혁이나 선거 제도 개편 같은 문제가 여기에 해당한다.

경제학에는 뜨거운 감자 말고 뜨거운 돈, 핫머니hot money도 있다. 돈은 다 같은 돈일 텐데 뜨거운 돈이라니?

이 돈은 주식 시장에 흘러들어 특정 종목을 싹쓸이해 주가를 끌어올려 분위기를 한껏 가열시킨다. 그리고 더 이상 수익을 기대하기 힘들다는 판단이 서면 주식을 팔아치워 거액의 차익을 챙기고 썰물처럼 빠져나간다. 한마디로 투기성 자금이다. 가히 핫머니라고 부를 만하지 않은가. 태풍 같은 돈이고, 쓰나미 같은 돈이다.

핫머니가 외국에서 우리나라로 유입될 때는 주식 시장이 한껏 달아오른다. 그러다가 우리나라에 불안 요인이 발생하면 핫머니는 언제 그랬냐는 듯이 주식을 팔아치우고 순식간에 다른 나라로 빠져나간다. 주가가 끝없이 하락하고 그 충격은 금융 시장 전반과 경제에 두루두루 악영향을 준다. 사람들의 심리에 불안감이 확산된다. 멋모르고 뒤늦게 주식을 샀던 일반 투자자들은 큰 손해를 입는다.

핫머니는 1997년 우리나라를 포함해 아시아 국가들이 외환 위기에 빠졌던 그 시기에 유명세를 탔다. 아시아 국가들이 외환 위기를 겪은 원인을 핫머니로 꼽는 이들도 많이 있다. 핫머니는 금융 시장 규모가 작은 국가에 큰 혼란을 야기한다. 그래서 말레이시아 등 일부 국가는 핫머니에 대해 강력하게 규제하여 아예 자국에 유입되는 것을 차단하기도 한다.

핫머니는 직접투자 자금과 다르다. 직접투자는 해당 국가의 기업 경영에 직접 참가하기 위하여 외국인이 돈을 투입하는 것을 말한다. 단순히 주식 투자를 통해 수익을 남기려는 투기 목적이 아니라, 기업 경영을 잘하여 실적을 개선하고 수익을 남기려는 목적으로 유입되는 돈이 직접투자 자금에 해당한다.

돈이 되는 곳이라면 어디든지

핫머니는 오늘날 헤지펀드hedge fund라는 이름으로 세계 금융 시장을 휘젓고 다닌다. 헤지펀드에는 '펀드'라는 이름이 붙었으니 여러 사람으로부터 모은 돈이 맞다. 목적은 단 한 가지다. 어떤 상황에서도 최대의 수익을 추구한다.

'헤지'는 울타리란 뜻이다. 목장주가 울타리를 치는 이유는 무엇인가. 위험한 동물로부터 자신의 소중한 가축을 지키기 위해서다. 헤지펀드라는 용어도 여기에서 유래했다. 울타리를 쳐서 위험으로부터 고객의 돈을 보호하겠다는 의지를 표명한 펀드다. 고객으로부터 모은 돈을 단순히 보호해줄 뿐 아니라, 일정한 수익률은 반드시 달성하는 목표를 추구한다. 목표를 달성하기 위해서 헤지펀드는 투자자들이 맡긴 돈뿐 아니라, 이 돈을 담보로 대출 받은 돈까지 함께 투자해서 수익률을 극대화하는, 이른바 레버리지 효과를 적극 활용한다.

많은 사람으로부터 공개적으로 돈을 모으는 일반 펀드와

달리 헤지펀드는 소수의 '큰손' 고객들로부터 돈을 모은다. 투자 기간도 비교적 짧으며 오로지 돈을 더 벌기 위해서 이 나라 저 나라를 가리지 않는다.

투자 대상도 주식, 채권, 외환, 금, 부동산 등 가지가지다. 심지어 원유, 커피, 설탕, 밀가루, 옥수수 등 헤지펀드의 투자 대상이 아닌 것이 없다. 헤지펀드는 특정 상품에 투자한 뒤 더 이상 수익을 기대하기 힘들다는 판단이 서면, 즉시 투자한 돈을 빼서 새로운 곳에서 새 상품에 투자한다. 고액 자산가들은 자신의 돈을 불려주니, 헤지펀드를 좋아하지 않을 수 없다.

물론 헤지펀드에도 긍정적인 측면이 있다. 헤지펀드는 세계 경제 전반에 걸쳐 풍부한 가격 정보를 보유하고 있다. 어느 나라 시장에 조금이라도 비정상적인 가격이 형성되면 시세 차익을 노리는 헤지펀드가 여지없이 해당 국가에 들어가 가격 차이를 조정한다. 세계 경제에서 '일물일가의 법칙'이 유지되도록 하는 공로자인 셈이다. 그렇지만 이 정도의 긍정적인 측면으로 헤지펀드의 부정적 성격이 덮이지는 않는다.

영란은행을 턴 소로스

세계 금융 시장에서 운영 중인 헤지펀드의 수나 금액에 대해서는 정확한 통계가 없다. 공개적으로 모은 펀드가 아니라 소수의 큰손으로부터 은밀히 모든 펀드이기 때문이다. 다만 큰손들이 투자한 돈이므로 펀드의 규모는 상상을 초월할 정도로 크다. 경제 규모가 작은 국가의 경우에는 헤지펀드가 해당 국가 경제에 심각한 영향을 미칠 정도다.

그래서 헤지펀드와 총성 없는 전쟁을 벌이는 나라가 많다. 그리고 헤지펀드가 한 나라와의 전쟁에서 승리하기도 한다. 이와 관련해서 유명한 사례가 있다.

간혹 은행의 돈을 탈취하는 강도 사건이 발생한다. 경비가 허술한 조그마한 지점이 그 대상이다. 혹시 중앙은행이 털리는 상상을 해본 적이 있는가. 강도라 하더라도 이는 엄두가 나지 않을 것이다. 미국 중앙은행을 턴 〈다이하드3〉 같은 영화 속에서나 상상할 수 있는 일일 테다.

그런데 중앙은행이 공격당하는 일이 실제로 발생했다. 물론 기관총을 들고 직접 털지는 않았다. 헤지펀드를 운영하던 조지 소로스George Soros라는 유명한 투자자가 1992년에 영국 파운드화의 가치가 크게 하락할 것으로 예상했다. 그리고 실제로 그는 파운드화 투기를 통해서 무려 11억 달러의 수익을 챙겼다. 영국 중앙은행은 그의 공격에 맞서 파운드화의 가치가 하락하지 않도록 방어하다가 이틀 만에 50억 달러의 손실을

보고 백기를 들었다.

　소로스의 승리였다. 이를 두고 사람들은 "소로스가 영란은행을 털었다"고 말한다. 영란은행은 영국 중앙은행을 가리키는 말이다.

　물론 그도 항상 성공하지는 못했다. 실패한 경우도 많았다. 1998년에 그는 러시아 국채에 투자했다. 이번에는 무려 20억 달러의 손실을 입고 말았다. 2000년에는 기술 관련 주식에 투자했다가 30억 달러의 손실을 기록하기도 했다.

한국형 헤지펀드의 역습

과거에는 외국의 헤지펀드가 우리나라 주식 시장을 공격해서 많은 돈을 번 후, 돈을 빼갔다는 뉴스가 지배적이었다. 외국 헤지펀드의 국내 공습인 셈이다. 하지만 이제는 상황이 달라졌다. 우리나라에서 구성하고 우리나라 투자자에게서 돈을 모은 헤지펀드가 세계 각국을 대상으로 삼아 투자 활동에 나서고 있다.

국내에서는 더 이상 수익성이 높은 투자처를 찾기 어렵게 되자 눈을 해외로 돌리는 것이다. 이를 한국형 헤지펀드라 부른다. 통계에 따르면 자금 규모가 30조 원을 돌파했다고 한다(2019년 기준). 한국형 헤지펀드의 역습이다. 성공할 수 있을지는 앞으로 두고 볼 일이다.

앞서 헤지펀드는 소수 투자자의 자금을 모아서 투자한다고 했다. 불특정 다수의 투자자로부터 돈을 공개적으로 모집하는 공모 펀드가 아니라, 비공개적으로 투자자를 모으는 사모 펀드라는 뜻이다.

이런 점에서 헤지펀드는 뮤추얼펀드mutual fund와 구분된다. 뮤추얼펀드는 다수의 소액 투자자를 대상으로 자금을 공개 모집한다. 주식이나 채권 등 비교적 안정성이 높은 상품에 투자

314

한 후 그 수익을 투자자에게 돌려주는 것을 목적으로 하는 공
모 펀드다.

미니멀 경제학 : 세계 경제와 이슈 편

초판 1쇄 2020년 3월 27일

지은이 한진수

발행인 이상언
제작총괄 이정아
편집장 조한별
책임편집 김수나
마케팅 김주희, 김다은

기획·진행 콘텐츠와디자인홀 HOOL
일러스트 그림요정더최광렬

발행처 중앙일보플러스(주)
주소 (04517) 서울시 중구 통일로 86 4층
등록 2008년 1월 25일 제2014-000178호
판매 1588-0950
제작 (02) 6416-3709
홈페이지 jbooks.joins.com
네이버 포스트 post.naver.com/joongangbooks

ⓒ 한진수, 2020

ISBN 978-89-278-1101-5 (03320)